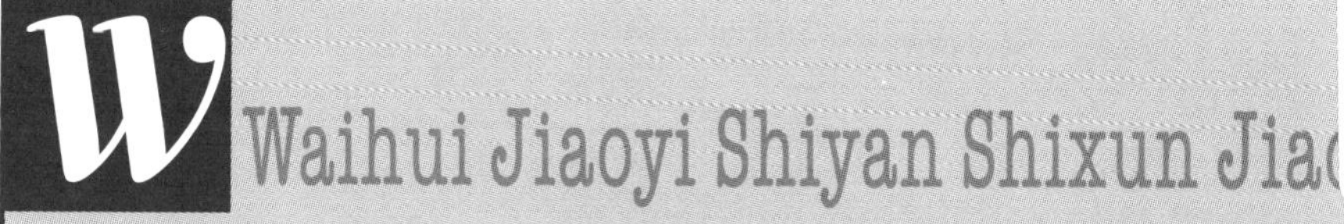

外汇交易实验实训教程

主　编　赵朝霞
副主编　郭静林　崔中山

西南财经大学出版社
中国・成都

图书在版编目(CIP)数据

外汇交易实验实训教程/赵朝霞主编.—成都:西南财经大学出版社,2016.9(2020.1重印)
ISBN 978-7-5504-2650-4

Ⅰ.①外… Ⅱ.①赵… Ⅲ.①外汇交易—教材 Ⅳ.①F830.92

中国版本图书馆CIP数据核字(2016)第225273号

外汇交易实验实训教程

主　编:赵朝霞
副主编:郭静林　崔中山

责任编辑:邓克虎
助理编辑:胡　莎
封面设计:张姗姗
责任印制:朱曼丽

出版发行	西南财经大学出版社(四川省成都市光华村街55号)
网　　址	http://www.bookcj.com
电子邮件	bookcj@foxmail.com
邮政编码	610074
电　　话	028-87353785
照　　排	四川胜翔数码印务设计有限公司
印　　刷	成都金龙印务有限责任公司
成品尺寸	185mm×260mm
印　　张	9
字　　数	145千字
版　　次	2016年9月第1版
印　　次	2020年1月第3次印刷
印　　数	4001—6000册
书　　号	ISBN 978-7-5504-2650-4
定　　价	26.00元

前　言

在开放经济不断深化的全球化经济体系当中，外汇市场是国际金融最重要的组成部分。由于受到外汇管制的影响，我国外汇交易主要集中在金融机构和政府的外汇保值交易，且交易量也受到较大的限制。随着我国逐渐成为全球主要经济体以及人民币的国际化和自由兑换进程的不断推进，金融机构的外汇交易种类和方式会更加丰富，交易量也会逐渐增加。同时，外汇交易也将成为投资的重要组成部分，包括外汇衍生交易和个人外汇交易。外汇交易相对于国内股票交易，有其明显的优势。无论是在交易时间、交易规则上，还是可操作性上，外汇投资都是更好的选择。因此掌握外汇交易不仅是现代金融从业人员也是普通的投资人或理财者不可或缺的能力。

重庆工商大学融智学院以培养应用型本科毕业生为主要目标。教学是实现人才培养目标的主要手段，教材是教学的基础。在金融学特色专业建设的基础上，学校注重实验教学，抓实验教材建设。尽管市场上外汇交易方面的书籍也不少，但是真正适用于培养应用型本科毕业生的本科教材比较少，更难找到适应本学校外汇交易实验教学的教材。在培养应用型财经专业的学生具备专业基础理论知识和专业知识的基础上，本实验教材重点培养学生外汇衍生品交易及个人外汇交易的基本技能。我们结合国际金融时事，利用外汇交易的基本面分析和技术分析知识，汲取多年从事国际金融学和外汇交易实务相关课程教学的经验，遵循实验教材编写的实用性、操作性、专业性的原则，结合国内外外汇交易的实际情况，编写了这本适用于应用型财经类本科专业层面的实验教材。

本实验教材主要包括三个实验模块，分别从实验目的、实验原理、实验案例和实验任务来安排外汇交易实验。实验原理帮助学生掌握实验的基础知识；实验案例指导学生进行实验的具体操作；最后，学生根据实验任务进行新的实验操作，达到培养具体的动手能力和操作能力的实验教学目的。

模块一是基础训练，主要介绍外汇、外汇市场以及汇率和汇率行情，其中汇率行情包括了外汇衍生交易和个人外汇交易的汇率行情。

模块二是外汇衍生品交易应用实训，主要是对外汇远期、外汇期货、外汇期权以及货币互换交易进行的具体应用的实验实训。

模块三是个人外汇交易模拟实验，包括个人外汇模拟交易的准备、基本面分析、技术分析以及交易技巧和策略。个人外汇模拟交易的准备包括个人外汇交易的基础知识、交易流程以及交易软件的操作等。基本面分析对主要的7种货币、6组货币的影响因素及其特点进行原理介绍，并对汇率走势基本分析进行实验操作。技术分析通过MT4软件的技术指标以及基本的技术分析方法对汇率进行分析和预测。而交易技巧和策略是对外汇模拟交易的最后总结以及进一步提高交易能力的必要步骤。

本实验教材兼顾了理论性和实务性，既包括外汇衍生交易也包含了外汇交易的基本面和技术分析。本书在理论性上相较单独的理论教材要精简一些，可作为外汇交易理论教材的实验补充即配套的实验教材，但精简而全面的原理介绍，使得本实验教材也可单独作为外汇交易实验课的实验教材。本教材的实验实训内容适合于财经类各专业学生，需要有《金融学》《国际金融学》等前期课程作为基础。本教材涵盖了外汇、汇率等基础知识，外汇期货、期权等衍生交易工具应用，以及个人外汇交易的基本面分析和技术分析三个方面的内容。本书比较全面地概括了外汇交易的实践实训内容，并针对衍生交易、基本面分析和技术分析进行详细的原理或理论的介绍，为实训打下坚实的基础。另外，在学习过程中，不同专业的学生根据自身的需求可以侧重不同的实训项目。

我非常感谢曾经教育过我的所有老师教授我知识，感谢我的领导和同事以及我的学生，给予我帮助和鼓励，感谢我的家人给予我支持。同时，在教材编写和出版过程中，西南财经大学出版社相关编辑提供了许多帮助，在此表示诚挚的谢意。由于我的学识水平有限，书中错误和不当之处在所难免，还望专家、读者不吝赐教，指正错误。

赵朝霞

2016 年 7 月

目　录

模块一

外汇交易的基础训练

外汇交易的基础训练主要包括认识外汇、了解外汇市场和解读汇率，为个人外汇交易和外汇衍生交易实验提供基础训练。本模块实训内容分为两块：一是认识外汇及外汇市场，主要包括外汇的含义、外汇的符号、世界主要外汇市场及其外汇交易情况；二是解读汇率，包括解读各种外汇交易种类的汇率，比如解读即期、远期、期权等汇率行情。

实训一 认识外汇及外汇市场

外汇是指一国以外币表示的国外资产。外汇市场则是进行外汇买卖或货币兑换的交易场所。

一、实训目的和要求

1. 掌握外汇的概念、功能和分类
2. 熟悉外汇交易主要货币，识别各种货币的名称和代码
3. 了解国际外汇市场及各市场的特点
4. 掌握主要外汇市场的交易时间和交易特点

二、实训原理

（一）认识外汇

1. 外汇的含义和特点

国际上广泛运用于国际结算支付手段和流通手段的外国货币是真正意义上的外汇。并不是所有的外国货币都能成为外汇。外汇必须具有外币性、可自由兑换性、普遍接受性、可偿性。

2. 外汇交易的主要货币及其名称和代码

外汇交易的主要货币是美元、欧元、英镑、日元、瑞郎、澳元和加元。外汇市场主要交易六大货币对，分别是 USD/JPY，USD/CHF，USD/CAD，AUD/USD，GBP/USD，EUR/USD（见表 1-1）。同时，可自由兑换的外汇也是外汇交易的对象。

表 1-1 **外汇交易主要货币名称及其符号**

货币名称	货币代码	货币名称	货币代码	货币名称	货币代码
美元	USD	加元	CAD	新西兰元	NZD
欧元	EUR	澳元	AUD	韩国元	KRW
英镑	GBP	新加坡元	SGD	瑞典克朗	SEK
日元	JPY	港币	HKD	丹麦克朗	DKK
瑞郎	CHF	俄罗斯卢布	RUB	挪威克朗	NOK

（二）外汇市场

1. 外汇市场的特征

（1）有市无场。

（2）24 小时循环作业。

外汇市场的时间标准为格林威治时间。格林威治时间（Greenwich MeanTime，GMT）是指位于英国伦敦郊区的皇家格林尼治天文台的标准时间，因为本初子午线被定义在通过那里的经线。它是英国的标准时间，也是世界各地时间的参考标准。中英两国的标准时差为 8 个小时，即英国的当地时间比中国的北京时间晚 8 小时。

外汇市场是一个全球性的市场。由于全球各金融中心的地理位置不同，因此亚洲市场、欧洲市场、美洲市场因时间差的关系，刚好连接成一个全天 24 小时连续作业的全球外汇市场（见图 1-1）。

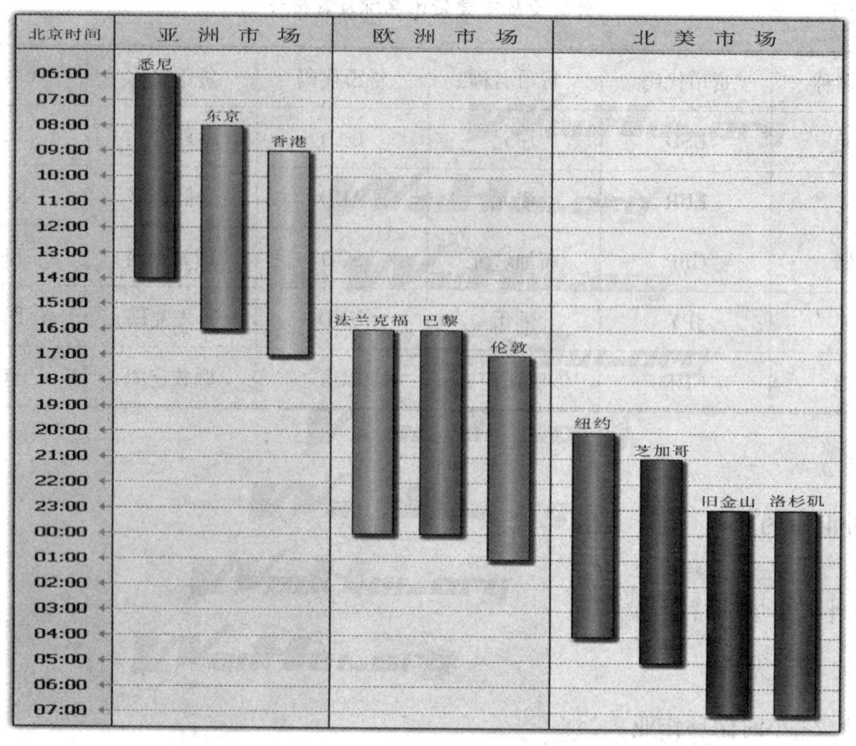

图 1-1 外汇交易时间的连续性

（3）零和游戏。

外汇市场交易的是货币对，货币对的两种货币总变现为此涨彼跌，因此，交易的总价值不会变化，即总价值始终为零。

2. 外汇市场中的参与者

（1）各国政府或中央银行。

各国政府或中央银行是外汇市场的特殊参与者。他们进行外汇买卖不是为了谋取利润，而是在执行国家金融政策，是为了监督和管理外汇市场，引导汇率向对其经济有利的方向变动，使之有利于本国宏观经济政策的贯彻或符合国际协定的要求。

（2）外汇银行。

外汇银行是外汇市场的最主要参与者，具体包括专业外汇银行和大型商业银行。外汇银行担当外汇买卖以及资金的融通、筹措、运用与调拨，是外汇市场的主体。全球外汇市场由数百个主要交易商以做市商的方式主导外汇行情。他们拥有世界范围内的大部分外币存款。做市商业银行在任何时候都愿意买入和卖出它们擅长操作的货币。

比如，美国花旗银行在各国的分行以所在国货币的方式拥有存款余额。当某个交易商卖出外币时，他只是卖出了其在外国商业银行中的存款。当他买入外汇时，外国银行中的存款增加了。外汇市场是银行存款的买卖而不是货币和硬币的收付。买卖差价就是他们的收入来源。外汇做市商持有一定量的各种货币。作为操作者，他们要承担汇率无法预测的风险。外汇交易集中度颇高，全球排名靠前的做市商占市场份额的绝大部分。因此，外汇市场本质上是银行间市场。中小型银行业可能参与银行间市场，但不是做市商。它们并不维持大量货币头寸，和大型银行进行买卖主要是为了抵消与顾客的零售交易。

（3）外汇经纪机构。

外汇经纪机构是存在于中央银行、外汇银行和普通客户之间的中间人，以收取佣金作为收入来源，与外汇银行和普通客户有着十分密切的联系，是外汇市场充分流动的关键角色，但自己没有账户买卖外汇。随着电子信息的发展，越来越多的外汇交易通过电子交易系统进行。

（4）普通客户。

普通客户是外汇的最初供应者和最终需要者，包括进出口企业、投资基金、机构、政府和个人。

外汇交易商（做市商）和经纪商把全球范围内的市场参与者连接成一体，而管理当局作为监管者积极介入，与他们一道为各自的客户提供外币的买卖服务，以满足市场参与者贸易、避险、投融资、政策调整、旅游等需要。

3. 国际主要外汇市场及其开收市时间

目前，世界上大约有 30 多个主要的外汇市场，最主要的包括伦敦、纽约、巴黎、东京、新加坡、苏黎世和香港外汇市场。其中，纽约、伦敦、东京是三大国际金融中心，称为“金三角”。

伦敦外汇市场是全球老牌金融中心，也是开办外汇交易最早的地方。伦敦外汇市场上的交易货币几乎包括所有可兑换货币。规模最大的是英镑兑美元的交易，其次是英镑兑欧元、瑞郎以及日元的交易。

纽约市场是全球最活跃的外汇交易市场，因此其投机性比其他外汇市场都要强。

纽约外汇市场是美元的国际结算中心。除美元外，其主要交易的币种依次为欧元、英镑、瑞郎、加元、日元等。

在巴黎外汇市场上，名义上所有的外币都可以进行买卖，但实际上，目前巴黎外汇市场标价的只有：美元、英镑、意大利里拉、荷兰盾、瑞士法郎、瑞典克朗、奥地利先令、加元等17种货币，且经常进行交易的货币只有7种。

东京、新加坡和香港是亚洲主要的外汇市场。东京是亚洲的金融中心，以其巨大的成交量主导外汇市场亚洲时段的行情，代表了亚洲市场参与者的主流观点。东京外汇市场交易品种较为单一，主要集中在日元兑美元和日元兑欧元。香港外汇市场主要以港元和英镑的兑换为主。而新加坡以美元为主要交易币种，且地处欧亚非三洲交通要道，具有时区优越性，上午可与香港、东京、悉尼进行交易，下午可与伦敦、苏黎世、法兰克福等欧洲市场进行交易，中午可同中东的巴林、晚上还可同纽约进行交易。新加坡根据交易需要，一天24小时都同世界各地区进行外汇买卖。

表1-2　　主要外汇市场的开收盘时间

地区	市场	当地开收盘时间	非夏令(10月~次年4月)		夏令(4月~10月)	
			北京时间			
			开盘	收盘	开盘	收盘
大洋洲	惠灵顿	9:00~17:00	5:00	13:00	4:00	12:00
	悉尼	9:00~17:00	7:00	15:00	6:00	14:00
亚洲	东京	9:00~15:30	8:00	14:30	8:00	14:30
	香港	9:00~16:00	9:00	16:00	9:00	16:00
	新加坡	9:30~16:30	9:30	16:30	9:30	16:30
欧洲	法兰克福	9:00~16:00	16:00	23:00	15:00	22:00
	苏黎世	9:00~16:00	16:00	23:00	15:00	22:00
	巴黎	9:00~16:00	16:00	23:00	15:00	22:00
	伦敦	9:30~16:30	17:30	00:30	16:30	23:30
北美洲	纽约	8:30~15:00	21:00	4:00	20:00	3:00
	芝加哥	8:30~15:00	22:00	5:00	21:00	4:00

4. 外汇交易的市场及时间规律（以北京时间为准）

（1）早5~14点行情一般甚至清淡。这主要是因为亚洲市场的推动力量较小。震荡幅度一般在30点以内，没有明显的方向，多为调整和回调行情。

（2）午间14~18点为欧洲上午市场，15点后一般有一次行情。欧洲开始交易后，资金就会增加。外汇市场是一个金钱堆积的市场，因此哪里的资金量大，哪里就会出现大的波动。而且，此时段也会伴随着一些对欧洲货币有影响力的数据的公布。该时段的震荡幅度一般在40~80点。

（3）傍晚18~20点为欧洲的中午休息和每周市场的清晨，较为清淡。这段时间是欧洲的中午休息时段，也是等待美国开市的前夕。

（4）20~24点为欧洲市场的下午盘和美洲市场的上午盘。这段时间是行情波动最大的时候，也是资金量和参与人数最多的时段。震荡幅度一般在80点以上。在这段时间，行情会完全按照当天的方向去行动，故判断这次行情就要跟对大势了。它可以和欧洲是同方向的也可以和欧洲是反方向的。总之，应和大势一致。

三、实训任务

（1）请找出我国外汇市场可进行交易的外汇币种。

（2）请为MT4外汇交易的货币对的货币符号找到对应的货币名称。

实训二 解读汇率

外汇市场交易的汇率都是以货币对的形式报价。货币对的前一种货币是被标价的货币。汇率报价并没有一个被所有外汇市场遵循的惯例，采取哪种报价形式取决于便利和偏好。外汇交易大多涉及外汇衍生品交易，如外汇期货、期权交易等。

一、实训目的和要求

1. 了解汇率的概念以及汇率的种类
2. 掌握买入汇率和卖出汇率
3. 掌握即期汇率和远期汇率，掌握基本汇率和套算汇率
4. 读懂个人外汇交易行情表
5. 掌握各种外汇交易方式的汇率报价方式
6. 掌握货币兑换的计算

二、实训原理

（一）汇率的含义及表示方法

外汇汇率是一国货币与另一国货币的比价，或者说是以一种货币表示的另一种货币的价格。因此外汇汇率具有双向性的特点，既可用本币来表示外币价格，也可以用外币来表示本币价格。这分别称为直接标价法和间接标价法。在汇率报价当中，货币对分别为报价币和被报价币。被报价币也叫做标准货币，报价币也叫计价货币。比如USD1=CHF1.041 4，USD 为被报价币或标准货币，而 CHF 为报价币或计价货币。

汇率一般以 5 位数来表示，包括 4 位小数。汇率的最小变化单位为 1 点，称为一个

汇价基点，且1点为0.000 1，即万分之一。但要注意的是，日元报价当中每1点为0.01。外汇市场汇率报价采取双向报价法，同时报出买入汇率和卖出汇率。买卖汇率之差称为点差，即报价者的价差收益，即买入价低于卖出价，而对于询价者来说，买入价高于卖出价。比如USD1=CHF1.041 4/1.043 4，1.041 4为报价者的买入价、询价者的卖出价，而1.043 4为报价者的卖出价、询价者的买入价，点差为20点。在国际进行外汇交易时，美元是关键货币，银行间的报价通常以美元为基准货币来表示各国货币的价格。因此，美元与其他外汇之间的汇率称为基准汇率，而美元以外的两种货币之间的汇率称为套算或交叉汇率。

（二）即期汇率和远期汇率

外汇市场中90%以上的交易为即期交易。即期汇率也称为现汇汇率，是指即期交易时所采用的汇率。即期汇率是外汇市场上使用最多的汇率，采取双向报价方法，直接报出汇率的买入和卖出价，一般采取“大数+小数”的报价法。比如即期汇率为：

USD1=CHF1.041 4/34

远期汇率也称为期汇汇率。远期汇率受时间因素和利率变化的影响，以即期汇率为基础，可能高于、低于或等于即期汇率，因此用即期汇率的升水、贴水和平价来表示。在外汇远期交易当中，有两种报价方法，一种是直接报出远期汇率全价，一种是只报出远期汇率与即期汇率之间的差价，而一般差价报价法采用的是点数报价。比如即期汇率为：USD1=CHF1.041 4/1.043 4，3个月远期汇率为：USD1=CHF1.043 0/1.046 0。此种报价为远期全价报价法，但如果报出3个月远期汇率16/26，那么这为点数报价法。

（三）外汇期货报价

外汇期货交易是指在固定的交易场所，买卖双方通过公开竞价的方式买进或卖出具有标准合同金额和标准交割日期的外汇合约的交易。外汇期货报价主要是指外汇期货合约的报价。与外汇现货市场报价不同，外汇期货的交易货币均以每单位货币值多少美元来标价，即直接报出一个交易价格，而非双向报价。比如，外汇现货市场

USD1 = CHF1.041 4，外汇期货市场上瑞郎期货合约（6 月）的价格则为 0.960 2 美元，则 1CHF = 0.960 2 美元。

一般会报出合约种类、交易单位、基本点数、最小变动点数以及合约时间。比如，芝加哥国际货币市场上瑞郎期货合约交易单位为 125 000 英镑，基本点数为 0.000 1，最小价格变动为 0.000 1，合约时间以每 3 个月为一个周期，分别是 3、6、9、12 月。

（四）外汇期权报价

外汇期权是以外汇为买卖标的物的期权交易。期权买方通过缴纳期权费获得外汇标的买卖的选择权，而期权卖方因收取了期权费有义务在买方行权时履行合约。外汇期权有特定的合约交易单位。与外汇期货相似，是一种标准化的合约，有标准的合约交易单位。采用双向报价的方法，同时报出期权合约的买价和卖价。国际上外汇期权报价大多采取美元报价的方式，我国外汇期权合约分别在外币与人民币货币对和外币对交易中采取人民币和美元报价。同时，期权费率的报价包括非基准货币百分比（Term%）报价和点数报价两种。外币对和国际标准一致，采用点数报价。一般看涨期权的期权费远远高于看跌期权的价格。国内外汇期权市场为欧式期权。同时，期权费会因执行价格的高低而不同。

（五）外汇掉期报价

外汇掉期交易是指在买入或卖出即期外汇的同时，卖出或买进同一货币的远期外汇的一种外汇交易。外汇掉期报价就是掉期率。通常报价行只报出掉期率而不报出即期汇率，掉期率报价采取双向报价的方式，同时报出买入价和卖出价。掉期率买入价表示：报价行愿意卖出较近期被报价货币和买入较远期被报价货币的价差，询价行愿意买入较近期被报价货币和卖出较远期被报价货币的价差。掉期率卖出价表示：报价行愿意买入较近期被报价货币和卖出较远期被报价货币的价差，询价行愿意卖出较近期被报价货币和买入较远期被报价货币的价差。值得注意的是，银行报出掉期率的买入价和卖出价均为正值，但实际的价差有正有负，因此银行报出掉期率的买入价和卖出价是价差的绝对值。

三、实训案例

（一）外汇即期报价的解读

利用不同的外汇交易软件，不同的银行所报出的即期外汇交易的价格有些差异。有的会同时报出买卖价，有的只报出一个价格，有的从报价行的角度报价，有的从询价者的角度报价。图 1-2 中 FOREXPRO 交易平台行情，是从询价者的角度报出卖价和买价的，因此卖价低于买价。比如欧元兑美元的报价为买价 1. 429 37，卖价为 1. 429 16，买价高于卖价。询价者买入 1 欧元则卖出 1. 429 37 美元，买入 1 美元则卖出 1/1. 429 16 欧元。而图 1-3 中中国工商银行外汇交易行情，则是从报价行的角度报价，买价低于卖价。比如欧元兑美元的报价买入价为 1. 437 1，卖出价 1. 440 1。工行买入 1 欧元的同时卖出 1. 437 1 美元，卖出 1 欧元的同时买入 1. 440 1 欧元，获得 30 点的点差收益。如图 1-4 中外汇实时行情所示，若只报出一个价格，则一般为询价者的卖价。报价行的买价，也就是较低的那个价格。比如欧元兑美元的最新价格为 1. 124 3，询价者卖出 1 欧元可以获得 1. 124 3 美元。

	货币对	卖价	买价	点差	最高价	最低价	收盘价	波动点数	波幅（%）
i	EUR/USD	1.42916 ▼	1.42937 ▼	2.1	1.43408	1.42906	1.43327	-41.1 ▼	0.29
i	GBP/USD	1.63415 ▲	1.63454 ▲	3.9	1.63804	1.63404	1.63722	-30.7 ▼	0.19
i	USD/JPY	77.788 ▲	77.807 ▲	1.9	77.875	77.640	77.654	13.4 ▲	0.17
i	EUR/JPY	111.188 ▲	111.212 ▲	2.4	111.579	111.179	111.321	-13.3 ▼	0.12
i	AUD/USD	1.09768 ▼	1.09794 ▼	2.6	1.10128	1.09763	1.10025	-25.7 ▼	0.23
i	GBP/JPY	127.125 ▲	127.174 ▲	4.9	127.418	127.085	127.145	-2.0 ▼	0.02
i	EUR/CHF	1.14732 ▼	1.14771 ▲	3.9	1.14937	1.14710	1.14839	-10.7 ▼	0.09
i	USD/CAD	0.95096 ▲	0.95128 ▲	3.2	0.95128	0.94851	0.94913	18.3 ▲	0.19
i	EUR/GBP	0.87438 ▼	0.87469 ▼	3.1	0.87617	0.87432	0.87523	-8.5 ▼	0.1
i	USD/CHF	0.80271 ▼	0.80298 ▲	2.7	0.80299	0.80060	0.80104	16.7 ▲	0.21
i	GBP/AUD	1.48846 ▲	1.48906 ▲	6.0	1.48942	1.48622	1.48732	11.4 ▲	0.08
i	AUD/JPY	85.384 ▲	85.422 ▼	3.8	85.641	85.381	85.443	-5.9 ▼	0.07

图 1-2　FOREXPRO 交易行情

行情报价区

◉基本盘 ○交叉盘 ○所有盘 无优惠档次

无优惠档次						
币种对	升降	买入价	卖出价	中间价	最高价	最低价
欧元/美元	↑	1.4371	1.4401	1.4386	1.4400	1.4346
澳元/美元	↑	1.1031	1.1061	1.1046	1.1056	1.0986
英镑/美元	↑	1.6455	1.6485	1.6470	1.6477	1.6388
美元/日元	↓	77.84	78.14	77.99	78.05	77.10
美元/加元		0.9502	0.9532	0.9517	0.9559	0.9507
美元/瑞郎	↓	0.7929	0.7959	0.7944	0.7955	0.7903
美元/港币		7.7913	7.7943	7.7928	7.7941	7.7924
美元/新元	↓	1.2007	1.2037	1.2022	1.2053	1.2016
黄金/美元	↓	1611.9	1612.2	1612.05	1625.70	1606.75

刷新

图 1-3 中国工商银行个人外汇交易行情

代码	名称	最新价	涨跌额	涨跌幅	开盘
EURCNY	欧元人民币	7.3136	-0.0009	-0.01%	7.2941
EURUSD	欧元美元	1.1243	0.0021	0.19%	1.1222
EURGBP	欧元英镑	0.7787	0.0000	0.00%	0.7790
EURCHF	欧元瑞郎	1.0982	0.0000	0.00%	1.0980
EURJPY	欧元日元	124.98	-0.49	-0.39%	125.28
EURAUD	欧元澳元	1.4595	0.0042	0.29%	1.4551
EURCAD	欧元加元	1.4256	0.0039	0.27%	1.4223
EURHKD	欧元港币	8.7214	0.0155	0.18%	8.7120
NZDEUR	新西兰元欧元	0.6099	-0.0001	-0.02%	0.6089

图 1-4 外汇实时行情

我国各外汇银行的外汇牌价表中的价格是人民币与外汇的交换价格，如图 1-5 所示。一般报出 0.01，两位小数位，基础是 100 外币。买卖价格包括现汇和现钞两种，买价始终低于卖价，价差是银行买卖外汇的收益。如图 1-5 中国工商银行外汇牌价表所示，美元报价，中国工商银行卖出 100 美元的价格是 649.88 元人民币，买入 100 美元现汇的价格是647.41元人民币，买入100美元现钞的价格为642.74元人民币。

币种	现汇买入价	现钞买入价	卖出价
美元(USD)	647.41	642.74	649.88
港币(HKD)	83.43	82.82	83.73
日元(JPY)	6.1002	5.9435	6.1412
欧元(EUR)	746.67	727.50	751.69
英镑(GBP)	943.86	919.62	950.20
瑞士法郎(CHF)	680.53	663.05	685.10
加拿大元(CAD)	511.68	498.54	515.12
澳大利亚元(AUD)	486.07	473.59	489.34
新加坡元(SGD)	479.17	466.87	482.39
丹麦克朗(DKK)	100.34	97.76	101.01
挪威克朗(NOK)	80.15	78.09	80.69
瑞典克朗(SEK)	80.99	78.91	81.53

图1-5　中国工商银行外汇牌价表

（二）外汇远期报价的解读

表1-3中英国某银行外汇远期报价，为美元兑其他外汇的远期汇率报价，即报出即期汇率和远期差价。比如英镑兑美元，即期汇率为1.566 0/70，1个月远期差价为82/80，则1个月远期英镑兑美元的汇率为1.557 8/90。

表1-3　英国某银行外汇远期报价

	spot	1 mth	2 mths	3 mths	6 mths	12 mths
GBP	1. 566 0/70	82/80	150/145	221/216	400/390	593/582
DEM	2. 048 0/90	55/48	108/99	157/147	304/289	588/558
CHF	1. 700/20	35/30	65/60	95/90	187/170	370/340
FRF	7. 835 0/00	57/67	105/130	132/150	210/240	325/375
JPY	124. 30/60	60/53	112/103	163/152	364/348	565/535
EUR	0. 928 3/98	11/16	17/23	25/31	36/46	78/98

（三）外汇期货行情的解读

如表 1-4 中芝加哥商业交易所的英镑的期货合约行情所示，交易货币后面的数字代表该种货币期货合约的交易单位，英镑期货合约的交易单位是 62 500 英镑。“$ PER POUND”表示下面的数字为每一英镑的美元数，如 1. 429 6 表示每 1 英镑合 1. 429 6 美元。“open，high，low”分别指行情报价当天的开盘、最高和最低价，“settle”指结算价格，“change”指涨跌数，“lifetime high，low”指合约开始交易至报价当天所达到的最高价和最低价。比如 6 月份到期的英镑期货合约的最高价曾达到 1. 910 0，而当天的最高价则是 1. 425 0。“Open interest”为未平仓合约数，即交易者在成交后尚未做对冲交易或实物交投的期货合约。

表 1-4　　芝加哥商业交易所的英镑的期货合约行情

	Open	High	Low	Settle	Change	Lifetime		Open interest
						High	Low	
BRITISH POUND（CME）-62 500pds.；$ PER POUND								
Mar	1. 429 6	1. 434 6	1. 418 0	1. 422 4	-0. 005 2	1. 940 0	1. 418 0	41 833
June	1. 413 0	1. 425 0	1. 409 0	1. 413 6	-0. 005 2	1. 910 0	1. 409 0	1 377
Sept	1. 409 5	1. 412 5	1. 402 4	1. 402 4	-0. 005 0	1. 558 0	1. 407 0	136

（四）外汇期权交易行情解读

表 1-5 中外汇期权报价，包括货币对、种类、到期日、执行价格、现价、买入价和卖出价以及开盘、最高和最低。执行价格为期权到期执行合约时货币对的交易价格。现价为货币对的即期汇率。买入价和卖出价则为期权费也就是期权合约的价格。通常报价行买入价低于卖出价，询价者买入价高于卖出价，因此表 1-5 的报价是针对询价者的报价。同时，期权合约的报价有两种方式：百分比和点数报价。其中，AUDUSD 的期权合约采用百分比报价法，而 EURUSD 采用点数报价法。比如标的为 AUDUSD、到期日为 2012 年 9 月 19 日的看涨期权买入价和卖出价分别是 2. 585 0 和 2. 465 0，则买入该合约的期权费为 2. 585 0%，卖出该合约的期权费为 2. 465 0%。标的为 EURUSD、

到期日为 2012 年 9 月 19 日的看跌期权买入价和卖出价分别是 25.67 和 14.32，则买入该合约的期权费为 25.67 * 0.000 1 * 100% = 0.256 7%，卖出该合约的期权费为 14.32 * 0.000 1 * 100% = 0.143 2%。而图 1-6 中欧元兑美元的外汇期权行情当中，直接报出的是实际的期权费，比如标的为欧元兑美元、到期日为 2016 年 5 月 25 日，且执行价格为 1.110 0 的看涨期权的期权费为 0.020 91，即 2.091%。

表 1-5　　外汇期权报价

货币对	种类	到期日	执行价格	现价	买入价	卖出价	开盘	最高	最低
AUDUSD	看涨	20120919	1.020 0	1.045 4	2.585 0	2.465 0	2.345 7	2.594 7	2.345 7
AUDUSD	看跌	20120919	1.020 0	1.045 4	0.092 2	0.000 7	0.102 1	0.102 1	0.091 7
EURUSD	看涨	20120919	1.270 0	1.285 6	182.33	171.12	179.74	184.87	175.17
EURUSD	看跌	20120919	1.270 0	1.285 6	25.67	14.32	26.94	27.67	25.47

EUR/USD Options expiring 2016-05-25 (30 Days)

O/N　1W　2W　**1M**　2M　3M　6M　12M

EUR/USD	**1.1260**
USD/JPY	111.04
GBP/USD	1.4491
USD/CHF	0.9745
USD/CAD	1.2678
AUD/USD	**0.7722**
NZD/USD	0.6863
EUR/GBP	0.7770
EUR/CHF	1.0973
EUR/JPY	125.03
EUR/CAD	1.4273
EUR/AUD	1.4577
GBP/JPY	160.91
GBP/CAD	1.8372
USD/CNH	6.5065
XAU/USD	1238.6

USD Pips　Vols　EUR Pips　EUR %

Put Options Delta	Put Options Price	Strike	Call Options Price	Call Options Delta	Vol	Skew	Vega
-0.20	0.00299	**1.1050**	0.02484	0.80	8.13%	0.23%	0.0009
-0.25	0.00405	**1.1100**	0.02091	0.75	8.04%	0.14%	0.0010
-0.32	0.00533	**1.1150**	0.01739	0.68	7.97%	0.07%	0.0011
-0.39	0.00717	**1.1200**	0.01403	0.61	7.92%	0.02%	0.0012
-0.46	0.00920	**1.1250**	0.01120	0.54	7.90%	0.00%	0.0013
-0.54	0.01187	**1.1300**	0.00888	0.46	7.91%	0.01%	0.0013
-0.62	0.01487	**1.1350**	0.00688	0.38	7.95%	0.05%	0.0012
-0.69	0.01827	**1.1400**	0.00528	0.31	8.03%	0.13%	0.0011
-0.75	0.02197	**1.1450**	0.00393	0.25	8.14%	0.24%	0.0010
-0.80	0.02598	**1.1500**	0.00305	0.20	8.26%	0.36%	0.0009

Disclaimer

图 1-6　标的为欧元兑美元的外汇期权行情

（五）外汇掉期交易行情解读

掉期报价报出即期汇率、可掉期的近端掉期点和远端掉期点、双向掉期率。如表1-6中欧元兑美元掉期报价所示，即期汇率为1.313 3/1.317 7，近端掉期点为1M汇率：18.69/18.88，远端掉期点为3M汇率：56.68/56.99，掉期率为：37.81/38.30。若进行1个月和3个月的远期掉期的话，则掉期的结果为掉期率。报价行存在两种掉期方式，卖出1M远期欧元的同时买入3M远期欧元合约，或买入1M远期欧元的同时卖出3M远期欧元合约，而掉期买入价位为37.81，掉期卖出价为38.30，则卖出1M远期欧元的同时买入3M远期欧元合约的掉期结果是获得37.81点的损益，买入1M远期欧元的同时卖出3M远期欧元合约的掉期结果是获得38.30点的损益。从汇率的升贴水来看，欧元在远期升值，因此欧元兑美元掉期报价中，报价行获益的掉期率为38.30。

表1-6　　欧元兑美元掉期报价

	EUR. USD	
	bid	offer
spot	1.313 3	1.317 7
1M	18.69	18.88
3M	56.68	56.99
（1M/3M）	37.81	38.30

四、实训任务

（一）个人外汇交易行情的解读

赵先生通过MT4软件进行外汇交易。根据赵先生的预测，欧元会贬值，英镑会升值，日元会升值。考虑对这两个货币对进行交易，请根据图1-7中MT4软件外汇行情，指出赵先生将如何交易两组货币对，及其交易的市价是多少？

交易品种	卖价	买价
EURCZKpro	27.0330	27.0570
EURDKKpro	7.44011	7.44254
EURGBPpro	0.77790	0.77887
EURHUFpro	309.953	310.962
EURJPYpro	125.489	125.525
EURNOKpro	9.24110	9.26250
EURNZDpro	1.63657	1.63857

图 1-7 MT4 软件外汇行情

(二) 外汇远期交易行情的解读

客户赵先生是日本某贸易公司的员工。他向美国进口一批商品，需要 6 个月之后付款。为了规避汇率风险，赵先生通过外汇远期交易来固定其进口成本。根据表 1-3，请问 6 个月的远期汇率的买入价和卖出价分别为多少？赵先生结汇时使用的具体汇率是多少？

(三) 外汇期货交易行情的解读

根据图 1-8，2016 年 9 月到期的英镑期货合约当天的价格是多少？9 月份到期的欧元期货合约的价格是多少？期货合约的价格走势如何？相对现货市场，7 月 12 日的日元期货价更高还是更低？请登录网址 http://www.cmegroup.com/trading/fx/查看 CME 外汇期货行情。

Product	Code	Contract		Last	Change	Chart	Open	High	Low	Globex Vol
British Pound Futures	6BU6	SEP 2016	OPT	1.3250	+0.0236		1.3010	1.3256	1.2983	131,177
Euro FX Futures	6EU6	SEP 2016	OPT	1.10970	+0.0012		1.10880	1.11550	1.10800	122,190
Japanese Yen Futures	6JU6	SEP 2016	OPT	0.0095640	-0.0001875		0.0097510	0.0097835	0.0095635	163,390
Australian Dollar Futures	6AU6	SEP 2016	OPT	0.7611	+0.0095		0.7514	0.7619	0.7512	82,066
Mexican Peso Futures	6MU6	SEP 2016	OPT	0.054270	+0.000500		0.053690	0.054370	0.053690	24,652
New Zealand Dollar Futures	6NU6	SEP 2016	OPT	0.7277	+0.0085		0.7189	0.7292	0.7183	19,696
Brazilian Real Futures	6LQ6	AUG 2016	OPT	0.30360	+0.00285		0.30070	0.30430	0.30070	1,187

图 1-8　2016 年 7 月 12 日 CME 外汇期货行情

（四）外汇期权交易行情解读

（1）客户赵先生已在现汇市场买入美元卖出加元。赵先生打算通过买入期权来规避汇率风险，那么，赵先生买入期权所支付的期权费率是多少（外汇期权报价如表 1-7 所示）？

表 1-7　外汇期权报价情况

货币对	种类	到期日	执行价格	现价	买入价	卖出价
USDJPY	看涨	20160919	109. 01	110. 97	0. 139 7	0. 019 7
USDJPY	看跌	20160919	109. 01	110. 97	4. 750 0	4. 636 6
USDCAD	看涨	20160919	1. 224 1	1. 267 6	200. 01	186. 01
USDCAD	看跌	20160919	1. 224 1	1. 267 6	50. 44	35. 11

（2）图 1-9 为 2016 年 9 月到期的英镑期权合约 2016 年 7 月 12 日的行情表。请问期权合约的执行价格采用的是什么报价法？执行价格为 12 850. 0 的期权合约的看涨期权费是多少？请登录网址 http://www. cmegroup. com/trading/fx/查看 CME 外汇期权行情。

Calls									Puts							
Updated	Hi / Low Limit	Volume	High	Low	Prior Settle	Change	Last	Strike Price	Last	Change	Prior Settle	Low	High	Volume	Hi / Low Limit	Updated
09:13:31 CT 12 Jul 2016	No Limit / 0.0001	1	0.0489	0.0489	0.0396	+0.0093	0.0489	12800.0	0.0119	-0.0063	0.0182	0.0119	0.0136	26	No Limit / 0.0001	10:05:18 CT 12 Jul 2016
09:13:31 CT 12 Jul 2016	No Limit / 0.0001	32	0.0453	0.0419	0.0364	+0.0089	0.0453	12850.0	0.0143	-0.0057	0.0200	0.0143	0.0150	27	No Limit / 0.0001	09:13:31 CT 12 Jul 2016
09:13:31 CT 12 Jul 2016	No Limit / 0.0001	16	0.0418	0.0414	0.0333	+0.0085	0.0418	12900.0	0.0157	-0.0062	0.0219	0.0157	0.0165	83	No Limit / 0.0001	09:13:31 CT 12 Jul 2016
09:13:31 CT 12 Jul 2016	No Limit / 0.0001	0	-	-	0.0304	-	-	12950.0	0.0161	-0.0079	0.0240	0.0161	0.0171	26	No Limit / 0.0001	10:15:49 CT 12 Jul 2016

图 1-9　CME 英镑的美式期权行情

（五）外汇掉期交易行情解读

首先，请将英镑兑美元即期与 6M 掉期的掉期率和 6M 与 12M 掉期的掉期率填入表 1-8 中。

请问客户赵先生想通过外汇掉期交易来获利，进行即期与 6M 远期进行掉期，可获利多少点?

表 1-8　　英镑兑美元掉期报价

	GBP. USD	
	bid	offer
spot	1. 576 0	1. 577 0
6M	60	40
12M	90	70
(spot/6M)		
(6M/12M)		

模块二

外汇衍生交易应用实训

外汇衍生交易主要包括外汇远期、外汇期货、外汇期权、外汇掉期。在模块一已经介绍过各交易方式的汇率报价。该模块侧重外汇衍生交易的应用，即外汇市场参与者在外汇市场中通过外汇衍生工具买卖外汇。不同的交易者会基于不同的目的在外汇市场中进行外汇衍生交易，或保值或避险或投资。

实训一　外汇远期交易应用

一、实训目的和要求

1. 掌握外汇远期交易的概念和种类

2. 熟悉外汇远期交易的操作

3. 了解择期外汇交易和无本金交割远期交易的含义和特点

4. 掌握外汇远期交易业务操作及应用

5. 掌握外汇远期互换交易的含义及操作

二、实训原理

1. 外汇远期交易的概念和特点

起息日：成交后的第二个营业日。

交割日："日对日""月对月""节假日顺延""不跨月"。

特点：远期外汇合约中的汇率、交割方式、金额等由交易双方自行协商确定；信用风险较大，很难规避违约风险，实际上银行间的标准化的远期外汇交易基本没有信用风险。

2. 外汇远期交易的种类

按期限分：外汇远期交易的期限可由交易双方协商确定，但标准化的合约的期限包括：T+0，T+1，1D，1W，2W，3W，1M，2M，3M，4M，5M，6M，9M，1Y，18M，2Y，3Y 等。

按方式分：固定交割日远期交易、择期外汇交易、可敲出远期交易、无本金交割远期交易。

（1）固定交割日远期交易，是指交割日期固定的远期外汇交易活动。其特点在于交割日一旦确定，交易双方的任何一方都不能随意变动。通常所说的外汇远期交易就是固定交割日的远期外汇交易。

（2）择期外汇交易，是指在做远期交易时，不规定具体的交割日期，只规定交割的期限范围。在规定的交割期限范围内，客户可以按预定的汇率和金额自由选择日期进行交割。择期包括部分择期和完全择期。部分择期确定交割月份但未确定交割日。比如，5 月 20 日，A 公司与 B 银行达成一笔 3 个月的择期外汇交易，约定 8 月份进行交割，则 A 公司可以在 8 月 1 日至 8 月 22 日的任一个营业日内向 B 银行提出交割。完全择期是指客户可以选择双方成交后的第三个营业日到合约到期之前的任何一天为交割日。比如，上例中 A 公司可以选择从 5 月 23 日至 8 月 22 日这一段时间的任一个营业日向 B 银行提出交割。

（3）可敲出远期交易，是指买卖双方签订远期合约，一方可在交割日按照优于正常远期汇率的价格，买入或卖出约定数量的货币。上述远期合约得以实现的前提条件是：双方设定一个“敲出”汇率，如果在交割日前市场即期汇率未触碰过该“敲出”汇率，那么上述合约得以履约；否则上述合约自动取消。例如：某企业需于 2007 年 6 月支付货款 150 万欧元，而收入货款为美元，企业面临欧元升值的风险，该企业可以叙做远期产品来固定成本。按照市场价格，欧元/美元即期汇率为 1. 329 0，3 个月远期价格为 1. 334 0。企业认为远期报价较高，希望等待更好的价格购买欧元，但是也就会面临风险敞口。这时就可以采用可敲出远期交易。即可锁定远期汇率在 1. 330 0，敲出汇率在 1. 410 0。如果在交割日前市场汇率从未碰触过 1. 410 0，那么客户可以按照 1. 330 0 的价格购买欧元（比即期价格高 10 个点，而比远期价格低 40 个点）；否则，合约自动取消。交易完成后的 3 个月中，欧元兑美元汇率始终持续在一个窄幅区间波动，未触碰过敲出汇率 1. 410 0。企业最终在交割日以 1. 330 0 的价格购入欧元，企业非常满意。

（4）无本金交割远期交易，又被称为海外无本金交割远期或者差额清算远期（NDF），是指交易双方在起息日按照约定的远期汇率和定价日汇率的差额进行结算的远期交易。其多采用新兴市场国家的货币，以美元结算。为对新兴市场国家货币进行套期保值，外企利用 NDF 进行套期保值。外企中也有不少企业利用 NDF 贴水程度超过美元贷款利率幅度进行美元贷款以牟利。同时，这可用来预测（外汇管制国家的货币）汇率走势。差额清算远期交易中确定使用轧差的即期汇率的日期通常是起息日前的第二个营业日。比如：机构 A 在 2009-05-19 与机构 B 成交一笔 2M 差额清算远期交易，约定机构 A 在 2009-07-21（起息日）以 USD/CNY = 6.831 3 的远期价格向机构 B 购买 USD 10 000 000，并约定清算货币为 CNY。2009-07-17（定价日），USD/CNY 的即期汇率为 6.831 0，A 需要在 2009-07-21（起息日）向机构 B 支付 CNY（6.831 3-6.831 0）* 10 000 000 = CNY3 000。

3. 外汇远期交易的功能和应用

保值：进出口商预先买进或卖出期汇以避免汇率变动风险；外汇银行为了平衡远期外汇持有额而交易；短期投资者或定期债务投资者预约买卖期汇以规避风险。

投机：投机者利用外汇市场汇率涨落不一，纯粹以赚取利润为目的进行外汇交易。投机者一般通过先卖后买和先买后卖两种方式谋取差额利润。

掉期交易：可以通过即期与远期或远期与远期之间的互换进行掉期交易，目的是利用不同期限的远期汇率之间的价差进行套利，调整起息日和规避风险。客户叙做远期外汇交易后，因故需要提前交割，或者由于资金不到位或其他原因，需要展期交割时，都可以通过叙做外汇掉期交易对原交易的起息日进行调整。

三、实训案例

（一）进口企业运用远期避险保值

2016 年 6 月底外汇市场行情为：即期汇率 USD1 = JPY109.11/16，3 个月远期汇率 USD1 = JPY108.50/56，6 个月远期汇率 USD1 = JPY108.30/36。一美国进口商从日本进口价值 10 亿元的货物，3 个月后支付。进口商为了规避汇率风险，通过买入 3 个月日元远期交易来进行套期保值。无论三个月后汇率如何变化，进口商将以 108.56 的汇率买入 10 亿日元。如果三个月后汇率低于 108.56，那么进口商成功规避了风险；如果三个月后汇率高于 108.56，那么进口商将承担损失；如果三个月后汇率不降反升，那么进口商丧失了获利的机会。

由于未来的汇率是不确定的，进口商担心美元兑日元汇率下降的幅度可能不会太大，远期报价太低，并希望等待更好的价格，那么锁定汇率为 108.90，敲出汇率为 108.40。如果三个月内汇率未下降到 108.40，那么进口商可以 108.90 的汇率买入 10 亿日元，这样起到了既规避风险又节约成本的作用。

（二）出口商运用远期避险保值

某日外汇市场行情如下：GBP/USD 的即期汇率为 1.558 0/90，90 天远期报价为 20/10，180 天远期报价为 40/20。一美国出口商向英国出口价值 200 万英镑的货物，预计 3 个月后才收汇。美国出口商卖出 90 天 200 万英镑，汇率为 1.556 0。无论汇率如何变化，出口商都固定了他的美元收入。

由于收款的时间为 3 个月后，但并不能固定在哪一天，因此该出口商叙做择期交易，以免暴露了汇率风险敞口。他叙做 3～6 个月的择期交易。在这期间的任何一天，他将收到的 200 万英镑以汇率 1.554 0 换成美元。

（三）掉期交易

（1）美国某贸易公司在 1 月份预计 4 月 1 日将收到一笔欧元货款。为防范汇率风险，公司按远期汇率水平同银行叙做了一笔 3 个月远期外汇买卖，买入美元卖出欧元，起息日为 4 月 1 日。但到了 3 月底，公司得知对方将推迟付款，在 5 月 1 日才能收到这笔货款。于是公司可以通过一笔 1 个月的掉期外汇买卖，将 4 月 1 日的头寸转换至 5 月 1 日。

（2）日本某贸易公司向美国出口产品，收到货款 500 万美元。该公司需将货款兑换为日元用于国内支出。同时，公司需从美国进口原材料，并将于 3 个月后支付 500 万美元的货款。此时，公司可以采取以下措施：叙做一笔 3 个月美元兑日元掉期外汇买卖：即期卖出 500 万美元，买入相应的日元；3 个月远期买入 500 万美元，卖出相应的日元。通过上述交易，公司可以轧平其中的资金缺口，达到规避风险的目的。

在中国银行开办掉期业务后，这家公司可以采取以下措施来对冲风险：叙做一笔3个月美元兑人民币掉期外汇买卖：即期卖出100万美元并买入相应的人民币，同时约定3个月后卖出人民币并买入100万美元。假设美元三个月年利率为3%，人民币三个月年利率为1.7%，中国银行利用利率平价理论、风险预期、金融产品风险等级得出的掉期点数为-450，则客户换回美元的成本就固定为6.055。如此，公司解决了流动资金短缺的问题，还达到了固定换汇成本和规避汇率风险的目的。

四、实训任务

（1）查询中国银行远期报价情况。

（2）假设你是花旗银行中国分公司的风险管理人员，花旗银行在3个月后要从中国分公司调回4 000万人民币用来偿还美国公司的人民币债务。为了规避汇率风险，你会怎么做？请根据中国银行远期报价表进行分析。

（3）国内某贸易公司向美国出口产品，收到货款100万美元。该公司需将货款兑换为人民币用于中国国内支出。同时，公司需从美国进口原材料，将于3个月后支付100万美元的货款。此时，这家贸易公司是持有美元，短缺人民币资金。若当时1美元兑6.10元人民币，公司以6.10的价格将100万美元换成了610万人民币。三个月后需要美元时，公司还要去购汇。这样，公司在做两笔结售汇交易的同时，都承担着汇率风险。如果三个月后人民币贬值为6.15，公司就必须用615万人民币换回100万美元，这样就产生了5万人民币的损失。

假设美元三个月年利率为3%，人民币三个月年利率为1.7%，中国银行利用利率平价理论、风险预期、金融产品风险等级得出的掉期点数为-450。请问该公司如何进行掉期来对冲风险，并分析对冲后的损益情况。

实训二 外汇期货交易应用

一、实训目的和要求

1. 掌握外汇期货交易的概念和特点
2. 了解外汇期货交易市场及交易规则
3. 熟悉外汇期货交易的作用
4. 掌握外汇期货交易的应用

二、实训原理

1. 外汇期货交易的特点

（1）外汇期货合约是标准化的合约，时间、交割日都是标准化的。同时，交易所设定了每日汇率波动的幅度的最低限制以及价格最大波动的限制。六种货币的期货标准合约的规模、最小变动值、初始保证金、维持保证金、交割时间、交割地点如表2-1所示：

表2-1　国际货币市场外汇期货标准合约

币种	英镑	日元	欧元	瑞郎	加元	澳元
代码	GBP	JPY	EUR	CHF	CAD	AUD
合约规模	62 500	12 500 000	125 000	125 000	100 000	100 000
最小变动值	12.5	12.5	12.5	12.5	10	10
初始保证金	2 800	2 700	2 700	2 700	1 000	2 000
维持保证金	2 100	2 000	2 000	2 000	800	1 500
交割日、月	3月、6月、9月、12月第三个星期的星期三					
交割地点	由清算中心指定的货币发行国的银行					

（2）外汇期货价格均以美元表示，外汇期货价格与现货价格相关。外汇期货价格实际上是预期的现货市场价格。在投机者的参与下，期货价格会向预期的现货市价移动，两个市场价格具有趋同性。而且随着期货交割日的临近，期货合同代表的汇率与现汇市场上的该种货币汇率的差距日益缩小。在交割日，两种汇率重合。

（3）买卖期货合约时，不需要实际付出买入合约面值所标明的外汇，只需支付手续费。合约生效后，按照当天收市的实际外汇期货市价作为结算价，进行当日盈亏的结算。如果结算价高于该期货合约交易时的成交价格，那么买方盈利；反之，买方亏损，卖方受益。

（4）外汇期货以外币为交割对象。对于到期末对冲掉的合约，卖方必须从现货市场购入即期外汇，交给买方以履行交割义务。

2. 外汇期货交易市场

国际上主要的外汇期货市场有：国际货币市场、伦敦国际金融期货交易所、芝加哥商业交易所、纽约期货交易所、纽约商品交易所等。国际货币市场的交易量占世界外汇期货交易50%的上市品种多达近80种，基本囊括了所有主要货币和新兴货币的期货和期权合约。交易量最大的货币有欧元、日元、英镑和瑞郎。

外汇期货市场由期货交易所、交易所会员、期货佣金商、清算所及市场参与者构成。现将各个组成部分的含义及主要特征分述如下：

（1）期货交易所。期货交易所是具体买卖期货合同的场所。目前，世界各国期货交易所一般都是非营利性的会员组织。只有取得交易所会员资格的人才能进入交易所场地进行期货交易，而非会员只能通过会员代理进行期货交易。期货交易所的管理机构通常由董事会、执行机构和各种委员会组成。董事会由会员董事和非会员董事选举产生。执行机构协助董事会履行与业务有关的职责，设总裁和执行官。下属委员会有交易管理委员会、教育与营销委员会、会员委员会、仲裁委员会、期货合同委员会等负责具体业务工作。期货交易所本身不参加期货交易，其运营资金主要是创立者的投资资金、会员费和收取的手续费，它的职能是：提供交易场地；制定标准交易规则；负责监督和执行交易规则；制订标准的期货合同；解决交易纠纷。

（2）交易所会员。取得会员资格的途径是向有关部门申请并经其批准。会员每年必须缴纳会费。在交易所的会员一般分为两类：一是充当经纪人，代客买卖，收取佣金；二是作为交易商，进行自营，赚取利润。不是交易所会员的客户只能委托会员交易。

（3）期货佣金商。按照职能划分，期货佣金商可以分为场内经纪人（floor broker）和场内交易商（floor trader），同一会员可身兼两职。凡是拥有会员资格，进入期货交易所进行交易的人员，称为场内交易人。场内交易人员有些专为自己的利益进行交易；而更多的是从交易所外接受大量的交易指令，按场外客户的交易指令进行期货交易。我们把前者称为专业投机商，把后者称为场内经纪人。以自己的账户交易的称为场内交易商。

期货佣金商是在期货交易所登记的会员公司。各公司派其职员作为代表。其主要职能是：向客户提供完成交易指令的服务；记录客户盈亏，并代理期货合同的实际交割；处理客户的保证金；向客户提供决策信息以及咨询业务。

外汇期货交易主要是靠期货交易所内的场内经纪人和代替非会员的期货佣金商来完成的。

（4）清算所。清算所是负责对期货交易所内进行的期货合同进行交割、对冲和结算的独立机构。它是期货市场运行机制的核心。通过清算所，期货合同的转让、买卖以及实际交割，可以随时进行，不用通知交易对方。它负责统一的结算、清算以及办理货物交割手续，这就是清算所特殊的“取代功能”。清算所的这一切行为能得以顺利实现，是因为它财力雄厚，而且实行了保证金制度。保证金制度是一套严格的无负债的财务运行制度。

（5）市场参与者。按照交易目的，市场参与者分为套期保值者和投机者。两者均是期货市场不可或缺的组成部分。没有套期保值者，则无期货交易市场；没有投机者，套期保值也无法实现。

3. 外汇期货交易规则

（1）公开叫价制度。买卖外汇期货合约的交易者把买卖委托书交给经纪商式交易所成员公司，由他们传递到交易大厅，经过场内经纪人之间的“公开喊价”或电子计算机的自动撮合，决定外汇期货合约的价格。

（2）保证金制度。在期货市场上，买卖双方在开立账户进行交易时，都必须交纳一定数量的保证金。缴纳保证金的目的是确保买卖双方能履行义务。清算所为保证其会员有能力满足交易需要，要求会员开立保证金账户，储存一定数量的货币。同时，会员也向他的客户收取一定数量的保证金。保证金分为初始保证金和维持保证金。初始保证金是订立合同时必须缴存的，一般为合同价值的 3%~10%，根据交易币种汇率的易变程度来确定。维持保证金是指开立合同后，如果发生亏损，致使保证金的数额下降，直到客户必须补进保证金时的最低保证金限额。一旦保证金账户余额降到维持水平线以下，客户必须再交纳保证金，并将保证金恢复到初始水平。

（3）逐日盯市。外汇期货交易实行每日清算制度。当每个营业日结束时，清算所要对每笔交易进行清算，即清算所根据清算价对每笔交易进行结清，盈利的一方可提取利润，亏损一方则需补足头寸。由于实行每日清算，客户的账面余额每天都会发生变化，因此每个交易者都十分清楚自己在市场中所处的地位。如果想退出市场，那么可做相反方向的交易来对冲。

（4）结算。

（5）交割。

4. 外汇期货交易的功能

（1）外汇套期保值。外汇期货市场的套期保值功能，是外汇期货市场最主要的功能。这一功能，是指采取与现货头寸方向相反的外汇期货交易，以规避未来现货市场的风险。套期保值的方式有两种，即空头套期保值和多头套期保值。

（2）外汇投机。外汇期货投机交易是外汇期货市场的又一重要功能。外汇期货投机是通过买卖外汇期货合约，从外汇期货价格的变动中获利并同时承担风险的行为。投机交易的基本原理是投机者根据对外汇期货价格走势的预测，买进或卖出一定数量的外汇合约。如果价格走势如预测的一样，那么可以在某一价格上顺利平仓，合约的买卖差价即为盈利；如果价格走势与预测方向相反，那么投机就要承担风险，买卖差价即为亏损。

外汇期货投机分为空头投机和多头投机两种类型。所谓空头投机是指投机者预测外汇期货价格将要下跌，从而先卖（开仓）后买（平仓），以高价卖出，以低价买入，从而达到获利目的。多头投机是指投机者预测外汇期货价格将要上升，先买后卖，以低价买进，以高价卖出从而获利。

三、实训案例

（一）外汇期货的套期保值交易

1. 空头套期保值

它又称为卖出套期保值，是指即将买入现货的交易者，在期货市场上做一笔相应的空头交易，以防止现货头寸因贬值而遭受损失。空头套期保值的一般操作是在现货市场买入的同时在期货市场卖出相同金额同种货币，到期现货市场卖出、期货市场买入，实现平仓，通过现货市场和期货市场相反的操作实现盈亏互补，从而达到保值的效果。

日本丰田汽车公司向美国进口商销售 1 000 辆小汽车，3 月份签订了半年交货付款的合同，金额为 1 000 万美元。3 月份美元兑日元的汇率为 110. 34，为了规避汇率变动所带来的风险，丰田公司在 3 月份合同签订之日起在外汇市场上以 110. 34 的汇价卖出价值 1 000 万美元外汇期货合约，并于 9 月份汽车交货付款日，买入 1 000 万美元外汇期货平仓，现货市场上获得 1 000 万美元并以即期汇率兑换成日元。当美元升值时，付款日的即期汇率将上升，现汇市场获利，付款日期货价格也上升，期汇市场亏损，现汇市场盈利弥补期汇市场亏损。如果美元贬值，现汇市场亏损，期汇市场将盈利，期汇市场盈利弥补现汇市场亏损。无论汇率如何变化，都能起到保值的效果。

2. 多头套期保值

它又称为买入套期保值，是指即将支付外汇的交易者，为避免未来购入外汇进行支付时货币升值而遭受损失，因此预先在期货市场买入外汇期货合约。多头套期保值的操作一般是先买入外汇期货合约，然后到期卖出期货合约，在平仓的同时买入现货进行支付，通过期货和现货市场的盈亏互补达到保值的效果。

一名美国商人从加拿大进口农产品，约定 3 个月后支付 1 000 万加元。为了防止加元升值带来的不利影响，他进行了买入期货套期保值。3 月 1 日汇率为 1USD＝1. 350 6CAD，9 月份到期的期货价格为 1 USD＝1. 345 0CAD。如果 6 月 1 日的汇率为 1USD＝1. 346 0CAD，那么期货价格为 1USD = 1. 340 0CAD。

该美国商人买入 9 月到期期货合约 1 000 万加元，支付 1 000/1. 345 0 = 743. 494 4 万美元。3 个月后，他卖出加元期货合约获得 1 000/1. 340 0 = 746. 268 7 万美元，则期货市场获利 746. 268 7−743. 494 4 = 2. 774 3 万美元。现货市场上买入 1 000 万加元，支付 1 000/1. 346 0 = 742. 942 1 万美元。他在现货市场上 3 月买入 1 000 万加元只需支付 1 000/1. 350 6 = 740. 411 7 万美元，那么现货市场上亏损 742. 942 1−740. 411 7 = 2. 530 4 万美元。最终通过期货市场的盈利弥补现货市场的亏损，不仅达到保值的效果还可盈利 2. 774 3−2. 530 4 = 0. 223 万美元。

进出口企业在利用外汇期货做套保的时候需要注意一些问题。一般来说，做外汇期货套期保值要遵循货币种类相同、货币数量相等或相近、月份相同或相近、交易方向相反 4 大操作原则，而在实际操作中，因为基差不断变化，数量完全对等、效果完全相抵都难以做到。对于一般的进出口企业，套保的目的既不是风险的最小化，也不是利益的最大化，而是两者的统一，将企业的风险降低到可以稳健经营的程度。而对于月份相同或相近，实际操作中，由于远期合约一般不活跃，成交量比较少，在很多时候不能以目标价格成交，因此，一般会选择在主力合约①成交，然后往后面的月份移仓。企业应该根据风险偏好和可接受程度，灵活科学地选择套保比率，进行有策略性的套期保值。不过这对公司的期货决策人有较高的要求。

即使有了套期保值这一工具，进出口企业也不是没有风险的，套期保值也存在风险。首先，基差风险的存在，使得货币汇率的波动和外汇期货价格未必完全同步变化，可能期货的盈利不能完全弥补现货的亏损。其次，还有保证金追加风险。一旦企业资金紧张，就可能带来强行平仓的风险。除此之外，套期保值还有操作风险、流动性风险和交割风险等。

（二）外汇期货的投机交易

1. 买空行为

它又称多头投机，是指先买后卖，投机者预测某种外汇期货合约的价格将要上涨，

---

① 主力合约：持仓量最大的合约。

而采取购买某一交付月份的外汇期货合约。一旦预测准确，便立即将事先购买的合约卖出，以从中赚取差额。如果预测错误，投机者将面临亏损。而且期货合约的保证金交易机制、投机者的杠杆操作会导致损失也成倍地扩大。

假设日本国内政局混乱，某公司预测，本周末日本国内大选将结束，影响期货行情巨变的近期因素都将明朗化，期货行情将会转向上升趋势。该公司买入日元期货，待行情上升时再抛出。10 月 20 日，该公司以 0.007 030 的价格购买了 10 个单位交割月份为 12 月的日元期货。大选结束后，政局走向平稳，期货行情呈上升趋势。该公司于 11 月 1 日以 0.007 110 的价格卖掉 10 个单位的日元期货。最后投机获利为（0.007 110 −0.007 030）* 12 500 000 * 10 = 10 000 美元。但如果行情并没有如公司预测的那样，而是下降了，那么该公司将面临由汇率下降带来的亏损。

2. 卖空行为

它又称空头投机，是指先卖后买，投机者预测某种外汇期货合约的价格将要下降，而采取事先出售外汇期货合约，待该合约的价格真正降低后再买进，以从中赚取差额。

3. 跨市套利投机

它是指投机者在不同市场上预测同种外汇期货价格呈不同走势，在一个交易所买入一种外汇期货合约，在另一个交易所卖出同种合约，一段时间后再将合约同时平仓，从而获利。进行跨市套利投机的首要步骤是判断同一种外汇期货价格在不同期货市场上变化的方向。

（1）如果预测两个市场的同种外汇期货合约均处于上涨状态，其中一个市场的涨幅高于另一个市场，那么在涨幅大的市场买入，涨幅小的市场卖出。

（2）如果预测两个市场的同种外汇期货合约均处于下跌状态，其中一个市场的跌幅大于另一个市场，那么在跌幅大的市场卖出，跌幅小的市场买入。

4. 跨期套利交易

它又称跨越买卖交易，是指在同一期货市场上同时买卖形同币种、不同交割月份的期货合约，利用不同交割月份之间的差价，进行相反交易，从中套取投机利润。

3 月 1 日，假设在国际货币市场上 6 月份交割的英镑期货合约价格比 9 月份交割的英镑期货合约价格高，如 6 月份交割的英镑期货合约价格为 GBP/USD = 1.563 0，9 月份交割的英镑期货合约价格为 GBP/USD=1. 551 0。某投机者预测 6 月份交割的英镑期货合约价格下跌速度比 9 月份交割的英镑期货合约价格上升速度快，因此该投机者立即采用跨期套利投机，即卖出 10 张 6 月份交割的英镑期货合约，同时买入 10 张 9 月份交割的英镑期货合约，以期获取价差上的利润。如果该投机者 5 月 5 日进行平仓，那么 6 月份交割的英镑期货合约价格为 GBP/USD=1. 556 0，9 月份交割的英镑期货合约价格为 GBP/USD=1. 553 0。投机者在 6 月到期的英镑期货合约交易中获利为 10 * (1. 563 0-1. 556 0) * 62 500=43 750 英镑；在 9 月份到期的英镑期货合约的交易中获利为 10 * (1. 553 0-1. 551 0) * 62 500=12 500 英镑。总投机获利为 56 250 英镑。

5. 跨币种套利

它是指套利者预测交割月份相同而币种不同的外汇期货合约价格将出现不同走势，买入预期价格上升的外汇期货合约，卖出预期价格即将下跌的外汇期货合约，以获取投机利润。在买入或卖出期货合约时，两种货币期货合约的交易金额应保持相同。

(1) 有两种货币。如果预测一种货币对美元升值，另一种货币对美元贬值，那么买入升值货币的期货合约并卖出贬值货币的期货合约。

(2) 如果预测两种货币都对美元升值，那么买入升值速度较快的货币期货合约并卖出升值速度较慢的货币期货合约。

(3) 如果预测两种货币都对美元升值贬值，那么卖出贬值速度较快的货币期货合约并买入贬值速度较慢的货币期货合约。

四、实训任务

(1) 请查询当天芝加哥商业交易所期货行情表以及现汇行情表。

(2) 假定你是英国某贸易公司的金融管理经理。一方面，由于公司的贸易业务需求，公司需要长期从美国进口原料，要考虑进口成本的控制；另一方面，作为金融管理经理，还需要利用公司的外汇进行投资获利，既有保值的需求也有投机的需求。目前公司持有 1 000 万美元，但在半年之后需要向美国进口原料支付 500 万美元货款。请问，作为经理，如何在避免汇率风险的情况下还能利用手里的美元获利。

实训三 外汇期权交易应用

一、实训目的和要求

1. 掌握外汇期权交易的概念和种类
2. 了解外汇期权的交易规则
3. 熟悉外汇期权交易的功能
4. 掌握外汇期权交易的应用

二、实训原理

1. 外汇期权交易的概念

外汇期权交易是指交易双方在规定的期间按商定的条件和一定的汇率，就将来是否购买或出售某种外汇的选择权进行买卖的交易。对于买方而言，外汇期权的主要作用是通过购买期权增强交易的灵活性，即可以有权选择有利于自己的汇率进行外汇买卖，消除汇率变动带来的损失，谋取汇率变动带来的收益。

买进期权与卖出期权：即期权合约的多方和空方。买进期权是指合约持有者有权利以执行价格买进一定数量的外汇。卖出期权是指合约拥有者有权利以执行价格卖出一定数量的外汇。

履行合约：外汇期权的持有者，有权利决定是否需要“履行”合约或听任合同到期而不去执行。福汇环球金汇网认为，履约价格或执行价格是指即期或远期和约上的价格，都是反映当时的市场价格。外汇期权中，未来结算所履行的价格称为履约价格或执行价格。履约价格在和约签订当初决定，可能完全与即期和远期汇率不同。

到期日：外汇期权合约有一个最后的到期日。期权的持有者如果希望履行合约，就必须在合约到期前通知另一方。

2. 外汇期权交易的种类

（1）按期权持有者的交易目的，外汇期权可分为：买入期权，也称为看涨期权；卖出期权，也称为看跌期权。

（2）按产生期权合约的原生金融产品，外汇期权可分为：现汇期权，即以外汇现货为期权合约的基础资产；外汇期货期权，即以货币期货合约为期权合约的基础资产。

（3）按期权持有者可行使交割权利的时间，外汇期权可分为：欧式期权，指期权的持有者只能在期权到期日当天纽约时间上午 9 时 30 分前，决定执行或不执行期权合约；美式期权，指期权持有者可以在期权到期日以前的任何一个工作日纽约时间上午 9 时 30 分前，选择执行或不执行期权合约。因此美式期权较欧式期权的灵活性较大，因而费用价格也高一些。

3. 外汇期权市场

在整个 20 世纪 80 年代，期权交易发展相当迅速。由于市场对灵活多样的外汇期权的需求，以银行间交易为主体的场外交易（Over the Counter，OTC）很快地发展起来。就市场而言，现在的外汇期权交易分为两部分：一部分是在各种交易所内进行的场内交易，另一部分就是以银行为主体的场外交易。场外交易发展迅速，目前占全部外汇期权交易额的比重超过 80%。外汇期权的场外交易开始于 20 世纪 80 年代，而正式的挂牌交易则是美国费城交易所（PHLX）于 1982 年首创的国际货币市场（IMM）。除此之外，芝加哥交易所（CBOE）和美国股票交易所（AMEX）也是具有代表性的外汇期权交易市场。费城股票交易所不仅是美国第一个经营外汇期权业务的交易中心，而且还在世界期权市场上处于领导者的地位。在世界其他各地也有外汇期权的交易市场，诸如伦敦国际金融期货及期权交易所（LIFFE）、新加坡国际金融期货交易所（SIMEX）、东京国际金融期货交易所（TIFFE）、澳大利亚悉尼期货交易所（SFE）等。

4. 外汇期权交易规则

国内个人外汇期权以招商银行的个人外汇期权交易为例（见表 2-2），包括欧元兑美元、英镑对美元、美元兑日元和澳元兑美元四个货币对。每份合约为 100 单位被报价币，都属于欧式期权。

表 2-2　　招商银行个人外汇期权交易规则

货币对	欧元/美元	英镑/美元	美元/日元	澳元/美元
标的金额（每份合约）	100 欧元	100 英镑	100 美元	100 澳元
看涨期权	看涨欧元 看跌美元	看涨英镑 看跌美元	看涨美元 看跌日元	看涨澳元 看跌美元
看跌期权	看跌欧元 看涨美元	看跌英镑 看涨美元	看跌美元 看涨日元	看跌澳元 看涨美元
类型	欧式期权（期权合约持有人仅在期权到期日有权行使权利）			
执行价格	由招商银行制定			
期限	3 个月左右			
合约起始日	由招商银行制定			
合约到期日	由招商银行根据合约起始日及期限制定			
合约结算日	合约到期日			

5. 外汇期权交易的功能

外汇期权的主要经济功能在于防范汇率风险。持有某种外汇的投资者只要通过购买看跌期权，就能以负担期权费为代价避免所持外汇贬值的风险。预定购买某种外汇的投资者只要通过购入看涨期权，就能以负担期权费为代价，避免实际购入外汇时外汇价格上升所带来的风险。由于功能特殊，交易策略极为灵活，外汇期权除了可以用来规避汇率大幅变动的风险外，还可以用来规避汇率小幅波动的风险。例如当汇率处于盘整阶段时，通过适当的期权组合，投资者不仅不会亏损，反而会盈利。因此外汇期权既为客户提供了外汇保值的方法，又为客户提供了从汇率变动中获利的机会，具有较大的灵活性。

三、实训案例

1. 买入看涨期权

买入看涨期权也称为多头看涨期权，是指外汇期权的买入者拥有在到期日按协定价格购买一定数量外汇现货的权利。当投资者预测市场价格将会上升时，可以选择此种交易策略。假如市场变化果真如其所愿，那么投资者的收益很可能是无限的；假如市场价格不升反降，投资者也不用担心，可以放弃手中的权利，最多只是损失其所支付的期权费；假如市场价格等于协定价格与期权费之和，此时投资者正好处于盈亏平衡点，不赔不赚。

2. 卖出看涨期权

卖出看涨期权又称为多头看涨期权，是指外汇期权的卖方收取一定的期权费后，必须无条件履行以协定价格卖出一定数量外汇现货的义务。当投资者预测市场价格将会下降时，可以选择此种交易策略。假如市场价格下降，投资者的收益就是收取的期权费；假如市场价格不降反升，投资者面临的很可能是无限的亏损；假如市场价格等于协定价格与期权费之和，此时投资者处于盈亏平衡点，正好不赔不赚。

3. 买入看跌期权

买入看跌期权也叫多头看跌期权，是指外汇期权的买入者拥有在到期日按协定价格出售一定数量外汇的权利。当投资者预测市场价格将下跌时，他会选择此种交易策略。假如市场价格真的下降，投资者的收益可能趋于无限；假如市场价格不升反降，投资者的损失最多只是其所支付的期权费；假如市场价格等于协定价格与期权费之差时，此时投资者正好处于盈亏平衡点，不赔不赚。

4. 卖出看跌期权

卖出看跌期权又被称为空头看跌期权，是指外汇期权的卖方收取一定的期权费后，必须无条件履行以协定价格买进一定数量外汇现货的义务。当投资者预测市场价格将会上升时，可以选择此种交易策略。假如市场价格上升，投资者的收益就是收取的期权费；假如市场价格不升反降，投资者面临的很可能是无限的亏损；假如市场价格等于协定价格与期权费之差，则投资者正好处于盈亏平衡点，不赔不赚。

5. 买权价差交易

买权价差交易分为买权多头差价交易和买权空头价差交易。买权多头差价交易是指先买后卖看涨期权的差价交易，即按一个协定价格买入一个看涨期权的同时，按另一个协定价格卖出一个看涨期权，用来抵消前一个买入看涨期权的头寸。当期权的买方预期某一货币汇率上升的机会大于其下跌的机会且上升的幅度有限时，则买方可采用先买后卖看涨期权建立一个多头差价交易。其中，买入的看涨期权的协定价格较小，卖出的看涨期权协定价格较大，两者到期日相同。买权空头价差交易是指先卖后买看涨期权的差价交易，即按一个协定价格卖出一个看涨期权的同时，按另一个协定价格买入一个看涨期权用来抵消前一个卖出看涨期权的头寸。

6. 卖权价差交易

卖权价差交易分为卖权空头价差交易和卖权多头价差交易。卖权空头价差交易是指先买后卖看跌期权的差价交易，即按一个协定价格买入一个看跌期权的同时，按另一个协定价格卖出一个看跌期权，用来抵消前一个买入看跌期权的头寸。当期权的买方预期某一货币汇率下跌的机会大于其上升的机会且下跌的幅度有限时，建立一个看跌期权的空头差价交易。其中，买入的看跌期权的协定价格较大，卖出的看跌期权协定价格较小，两者到期日相同。卖权多头差价交易是指先买后卖看跌期权的差价交易，即按一个协定价格卖出一个看跌期权的同时，按另一个协定价格买入一个看跌期权，用来抵消前一个卖出看跌期权的头寸。

7. 同价对敲交易

同价对敲交易是指按照相同的协定价格买入和卖出一个看涨期权和一个看跌期权，分为买入同价对敲交易和卖出同价对敲交易。买入同价对敲交易是指按照相同的协议汇率与到期日买入一个看涨期权和一个看跌期权。如果买房预期未来的市场汇率将发生剧烈的变动，但无法确定市场汇率未来变动的方向，那么在买方支付了两个期权费之后，当该外汇的即期汇率上涨到足够高的价位时，投资者执行看涨期权放弃看跌期权，其收益就可以大于购买两个期权所支付的期权费；当该外汇的即期汇率下跌到足够低的价位时，投机者执行看跌期权放弃看涨期权。因此无论汇率朝哪个方向变动，买方都可以从中获利，而买方将承担市场汇率剧烈变动的无限风险。卖出同价对敲交易指按照相同的协定价格与到期日卖出一个看涨期权和一个看跌期权。

8. 异价对敲交易

异价对敲交易与同价对敲交易的区别在于期权组合的协定价格不同，只同时买入和卖出合约中规定的货币数量、到期日相同而协定价格不同的由买权和卖权构成的期权组合。它包括买入和卖出异价对敲交易。

四、实训任务

（1）我国某公司根据近期国际政治经济形式预测 1 个月内美元兑日元汇价会有较大波动，但变动方向难以确定，因此决定购买 100 亿日元双向期权合约做外汇投机交易。即期汇率 USD1 = JPY110，协定价格 JPY1 = USD0.008 929，期权费 JPY1 = USD0.000 268，佣金占合同金额的 0.5%。在市场汇率分别为 USD1 = JPY100 和 USD1 = JPY125 的情况下，该公司的外汇投机各获利多少？并分析其盈亏平衡点。

（2）查询 CME 外汇期权行情，假设你在外汇市场上以即期汇率买入 100 万欧元，且想持有至少 1 个月，但由于担心欧元贬值给你带来风险，想利用期权套期保值。请根据所查询的期权行情表买卖期权合约来规避风险。请将操作过程以及可能的结果分析清楚。假设你是外汇投机者，你无法确认汇率走势，请问你有哪些投机策略。请根据所查询的行情进行期权组合，并分析盈亏平衡点。

实训四 货币互换交易应用

一、实训目的和要求

1. 掌握货币互换的概念和原理
2. 熟悉货币互换的功能
3. 掌握货币互换的应用

二、实训原理

1. 货币互换的概念和原理

货币互换是利用筹集不同货币资金的成本比较优势，各自在具有优势的市场上先筹集资金然后互换货币，定期支付利息，到期互换本金。货币互换是指两笔金额相同，期限相同，计算利率方法相同，但是货币不同的债务资金之间的调换，同时也指不同利息额的货币调换。

货币互换的起点金额一般在等值500万美元。互换期限一般为1~5年，也可根据客户需求延长最长期限。互换交易时需要缴纳一定的保证金，且成交后不得撤销。

货币互换的参与者包括政府、出口信贷机构、金融机构、公司以及超国家机构。政府和出口信贷机构进行货币互换的主要目的是降低融资成本、规避汇率风险，而金融机构和公司是互换市场的活跃分子，不仅为了保值，也可以进行投机。而超国家机构一般作为中介，代表客户借款，利用其较高的信用获得便宜的资金。

2. 货币互换的功能

套利的功能：通过货币互换得到直接投资不能得到所需级别、收益率的资产，或是不能得到比直接融资的成本较低的资金。

资产负债管理的功能：通过对资产和负债的比重进行搭配，可以暂时、有效地降低某种货币的负债，比如希腊通过高盛的货币互换隐瞒债务负担并顺利加入欧元区。

对货币保值的功能：通过货币互换锁定收益或成本。

规避外汇管制的功能：在实行外汇管制的国家，通过货币互换可以较低的成本将货币交换出来。

但货币互换也有风险，包括汇率风险、结算风险和信用风险。

三、实训案例

假定英镑和美元汇率为1英镑=1.500 0美元。A想借入5年期的1 000万英镑借款，B想借入5年期的1 500万美元借款。但由于A的信用等级高于B，两国金融市场对A、B两公司的熟悉状况不同，因此市场向它们提供的固定利率也不同。A公司在市场上借入美元的利率为8.0%，借入英镑的利率为11.6%；而B公司在市场上借入美元的利率为10.0%，借入英镑的利率为12.0%.

由于A公司的信用等级更高，因此无论是美元借款还是英镑借款，A公司都具有绝对优势。A公司在美元借款上有相对优势，而B公司在英镑借款上有相对优势。因此A公司和B公司可以进行货币互换交易，两家公司共节省1.6%的成本。A公司在市场上以8.0%的利率借入美元，B公司以12%的利率借入英镑，两者进行互换。假设两者平摊节省的筹款成本，那么A公司获得英镑并以10.8%支付英镑利息给B公司，同时向市场支付8.0%的美元借款利息，而B公司获得美元并以8.0%支付美元利息给A公司，同时向市场支付12%的英镑利息。

四、实训任务

（1）请查询2001年希腊与高盛的货币互换交易的原因和动机。

（2）请分析希腊与高盛的货币互换交易的具体金额、利率、期限等情况。

模块三

个人外汇交易模拟实验

个人外汇交易又叫做个人外汇买卖，是指在外汇市场上进行的外汇即期交易。本实验所指的个人外汇交易即通常所说的“炒外汇”。我国个人外汇交易包括实盘和虚盘（保证金）交易两种。因此本实验主要包括四个部分：第一部分为个人外汇交易的基础，包括概念、银行实盘交易流程、MT4 软件保证金交易的操作流程；第二部分是个人外汇交易的基本面分析；第三部分是个人外汇交易的技术分析；第四部分是个人外汇交易的技巧策略。

实训一 个人外汇交易基础

个人外汇交易基础包括个人外汇交易的概念、外汇银行实盘交易流程、ForexMT4软件保证金交易的操作流程。

一、实训目的和要求

1. 掌握个人外汇交易的概念，掌握点差的概念
2. 理解实盘交易和保证金交易的特点和区别
3. 理解名义杠杆和真实杠杆的区别
4. 熟悉外汇银行实盘交易流程，掌握外汇银行实盘交易之间的差异
5. 熟悉 ForexMT4（嘉盛）软件的使用

二、实训原理

（一）个人外汇交易的含义

个人外汇交易是指个人在外汇市场上进行外汇与外汇的即期兑换或买卖，有实盘和虚盘之分。个人通过外汇买卖获得汇差收益和利息收益。外汇买卖的汇差收益受到点差高低的影响。报价行所报的买卖点差越高，投资者外汇买卖的成本就越高。

外汇实盘交易要求投资者必须持有足额的要卖出外币才能进行交易，不能卖空，属于单边交易机制，因此缺少保证金交易的卖空机制和融资杠杆机制。同时，交易成本比较高，点差在 20~50。

外汇虚盘交易又叫做保证金交易或按金交易。投资者用自有资金作为担保，从银行或经纪商处提供的融资放大来进行外汇交易，且融资的比例大小一般由银行或者经

纪商决定。目前国外主流的外汇经纪商的标准账户一般采用100：1的高杠杆比，也可以达到400：1。但能保持盈利的账户一般真实杠杆比控制在5：1，稳定在3：1。国际上对冲基金30倍算很高了。保证金交易的交易成本一般比较低，点差小于10。可进行迷你和微型合约的交易，门槛较低。

真实杠杆是指头寸的总价值除以交易账户的总价值。而名义杠杆是外汇经纪商提供的融资杠杆。如果账户初始资金为1万美元，你通过1 000美元控制10万美元，1 000美元就是保证金，保证金为1%，即名义杠杆为100倍，真实杠杆是10倍。

（二）外汇银行实盘交易流程

我国大多数外汇银行都进行外汇实盘交易，但不同银行的外汇实盘交易又有所不同，尤其在交易成本上。因此在进行外汇实盘交易之前应先选择开户银行开户，比较价格（点差越小，成本越低，对交易者越有利），比较服务功能（营业时间、可交易币种、提供的附加服务等），比较交易平台（多种交易方式：柜台、电话、终端、网上等，各交易方式是否便捷、通畅），比较其他服务（提供经常性的咨询、讲座、沙龙等）等。选定银行以后，通过外汇行情选定要进行交易的货币对，选择适合自己的交易平台，通过电脑或手机或柜台等方式下达交易指令，根据自己对货币对汇率的预测可选择即时交易或委托交易。

委托交易包括获利、止损、追加委托、双向委托，以及委托的时长。获利委托是指委托一个更高的卖价、一个更低的买价；止损委托是指委托一个更低的卖价、一个更高的买价；追加委托与原委托等额方向，原委托执行后生效；双向委托是指同时设获利价和止损价，有一条被执行，另一条失效，但只执行一半，剩余部分的委托被取消。

（三）ForexMT4软件的使用介绍

本模块涉及的保证金交易主要通过ForexMT4软件来进行模拟。因此外汇虚盘或保证金交易通过ForexMT4软件来操作。使用ForexMT4软件进行外汇交易时主要涉及菜单熟悉、图标操作、添加技术指标、下单四类操作。

1. 菜单熟悉

(1)“文件”菜单(见图3-1)。

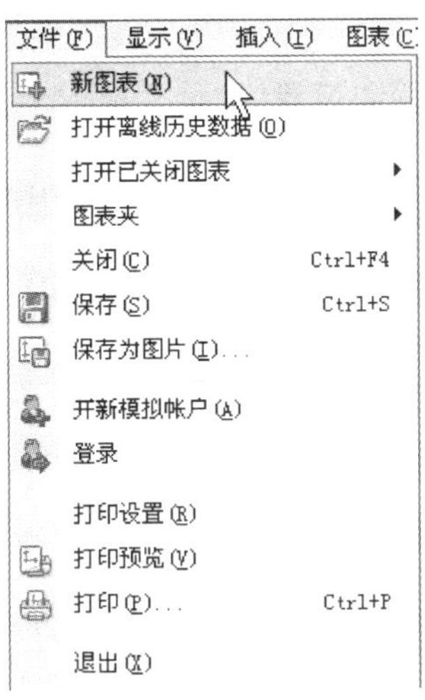

图3-1 “文件”菜单

◇ 新图表——打开金融品种的图表窗口。此指令会列出可提供金融品种的列表。可以从列表中选中一个金融品种,打开一个新的图表窗口。您也可以使用“常用按钮”中[按钮]操作。

◇ 打开历史离线数据——打开离线的图表。这个指令能够选择所需的存放历史数据的文件。这种模式下,最新的报价没有保存在历史文件中。

◇ 打开已关闭图表——恢复被删除的图表。如果菜单“工具—选项—图表”选中了“保存删除的图表便于再次打开”,那么删除的图表被保存了;还可以对这里的图表做永久性删除。

◇ 图表夹——打开图表夹管理菜单。也可以使用“常用按钮”中的[按钮]操作。更加详细的信息请查看“模板和图表夹”部分。

◇ 关闭——关闭图表。

◇ 保存——将历史数据保存为扩展名为“CSV”“PRN”和“HTM”的文本文件。

◇ 保存为图片——把图表保存为“BMP”或“GIF”格式。

◇ 开新模拟账户——开立一个新的模拟账户。也可以通过窗口“导航器—账户—

右键开新模拟账户”运行或按“Insert”键。

◇ 登录——认证身份。也可以通过窗口“导航器—账户—选中某个账号—右键登入”运行。

◇ 打印设置——打印参数简要设置。

◇ 打印预览——图表预览。也可以使用“常用按钮”中的 操作。

◇ 打印——打印图表。如果在“打印设置”中的“属性”选择了“彩色打印”，那么能够打印彩色图表，而不是黑白图表。同样可以使用“常用按钮”中的操作，也可以按快捷键“Ctrl+P”或在主菜单选择“文件—打印”操作。

◇ 退出——退出用户端软件。

（2）“显示”菜单（见图 3-2）。

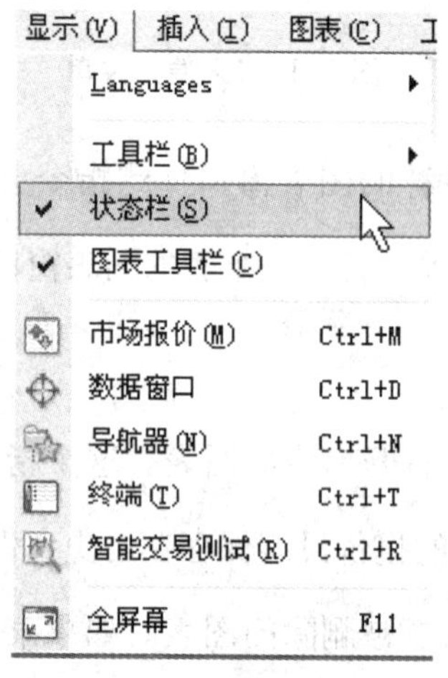

图 3-2 “显示”菜单

◇ Languages——语言，通过子菜单控制用户端显示的语言。当程序重启后语言转换才能生效。

◇ 工具栏——通过子菜单来决定显示的工具栏。“定制”指令能够让用户自定义工具栏。

◇ 状态栏——打开/关闭终端窗口下面的状态栏。

◇ 图表工具栏——打开/关闭在图表工作区下面的状态栏（标签），这里显示打开的图表对应的金融品种名称。

◇ 市场参考报价——显示/隐藏服务窗口“市场报价”。也可以使用快捷键“Ctrl+M”或“常用按钮”中的操作。

◇ 数据窗口——显示/隐藏“数据窗口”。也可以使用快捷键“Ctrl+D”或“常用按钮”中的操作。

◇ 导航器——显示/隐藏“导航”窗口。也可以使用快捷键“Ctrl+N”或“常用按钮”中的操作。

◇ 终端——显示/隐藏“终端”窗口。也可以使用快捷键“Ctrl+T”或“常用按钮”中的操作。

◇ 全屏幕——打开/关闭全屏幕模式。在全屏模式下，工具栏、状态栏和所有服务窗口都将关闭，屏幕中只显示用户终端主窗口标题、主菜单、图表工作区和图表窗口的标签。再重复操作此指令，屏幕则回到原来的状态。也可以使用快捷键“F11”或“常用按钮”中的操作。

（3）“插入”菜单（见图 3-3）。

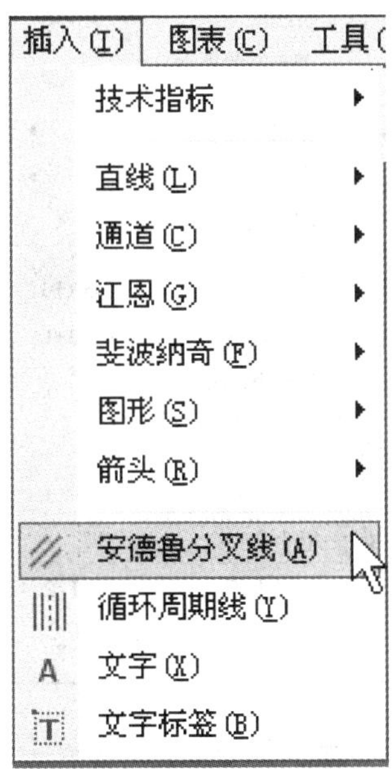

图 3-3 “插入”菜单

◇ 技术指标——为图形窗口添加技术指标，也可以使用“常用”工具条中的 操作，或者点击导航窗口的“技术指标”“自定义指标”来操作。

◇ 画线工具——为图形窗口添加直线、通道、江恩、斐波纳奇、安德鲁分叉线、循环周期线等。还可以添加图形对象——图形、箭头、文字，给图形窗口做标注。图形：使用几何体（矩形、三角形、椭圆形）在报价图表中标明不同的区域。箭头：使用符号（箭头、测试和停止符号）在报价图表中突出标明重要的事件。文字：文字用于在图表中进行注释，它会随着图表滚动。文字标签：文字标签被附加在另一窗口，不存在于图表中。当图表滚动时，文字标签将不会移动。更加详细的信息请查看“图表操作—画线分析”部分。

（4）“图表”菜单（见图 3-4）。

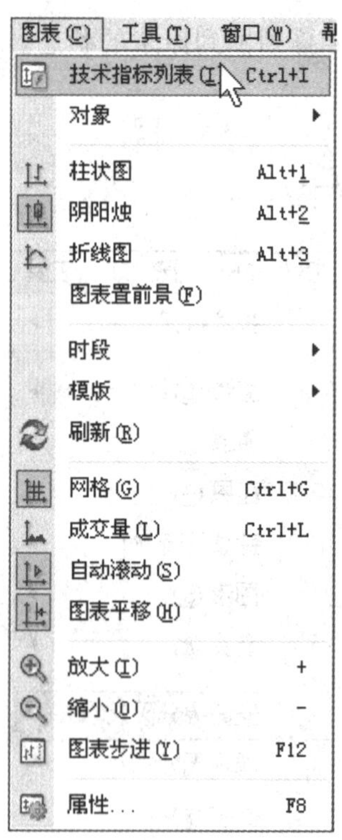

图 3-4 “图表”菜单

◇ 技术指标列表——显示当前图表使用的技术指标，并可以修改指标参数和删除指标。也可以使用快捷键“Ctrl+I”或图表中的右键菜单来操作。

◇ 对象——显示和删除当前图表中的对象元素（图形、文字、箭头），也可以使用快捷键“Ctrl+B”或图表中的右键菜单来操作。

◇ 柱状图——显示柱状图，也叫竹线图或美国线。也可以使用快捷键“Alt+1”或“图表”工具栏中的操作。

◇ 阴阳烛——显示日本蜡烛图，也就是我们所说的K线。也可以使用快捷键“Alt+2”或“图表”工具栏中的操作。

◇ 折线图——显示用收盘价连接在一起的曲线。也可以使用快捷键“Alt+3”或“图表”工具栏中的操作。

◇ 图表置前景——如果这个功能被激活，那么所有分析对象会被放置在图表的后面而不是遮住K线。

◇ 时段——图表的时间周期。

◇ 模板——显示和管理可使用的模板。“保存模板”指令能够将当前激活的图表窗口保存为模板，“删除模板”是指删除以前保存的模板；“加载模板”是指直接调入某个已经保存的模板并应用于当前图表。也可以使用图表中的右键菜单来操作。

◇ 刷新——重新更新当前图表要使用的历史价格数据。也可以在图表窗口的右键菜单使用同样的指令操作。

◇ 网格——显示/隐藏图表窗口的网格。也可以在图表窗口的右键菜单使用同样的指令操作或使用快捷键“Ctrl+G”操作。

◇ 成交量——显示/隐藏图表中的成交量。也可以在图表窗口的右键菜单使用同样的指令操作或使用快捷键“Ctrl+L”操作或使用“图表”工具栏中的操作。

◇ 自动滚动——在新的价位到来时，启动/关闭图表自动向左滚动。也可以使用“图表”工具栏中的操作。

◇ 图表平移——从窗口右边移动图表，在图表中右边留出空白区域。也可以使用“图表”工具栏中的操作。

◇ 放大——放大显示图表中的K线等线型。也可以使用“+”键或“图表”工具栏中的操作，或者按住鼠标左键，沿着水平轴向右移动光标指针。

◇ 缩小——缩小显示图表中的 K 线等线型。也可以使用“-”键或“图表”工具栏中的操作，或者按住鼠标左键，沿着水平轴向左移动光标指针。

◇ 图表步进——观察历史图形时，每次向左移动一格（1 根 K 线）图表，也可以按 F12 进行同样的操作。

◇ 属性——可以按热键 F8 或图表中右键菜单进行同样的操作。

（5）“窗口”菜单（见图 3-5）。

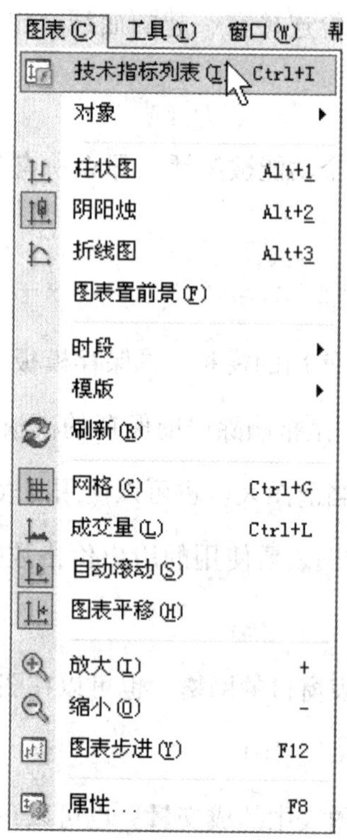

图 3-5 “窗口”菜单

◇ 新窗口——打开新的金融品种的图表窗口。同样可以按“标准”工具条中的按钮完成同样的操作。

◇ 层叠——设置图表为层叠。

◇ 平铺——设置图表为平铺。

◇ 纵列——设置图表为纵列。

◇ 排列图标——在最小化窗口排列图标。

◇ 在这个菜单的底线列出所有打开的图表窗口。选中当前激活的窗口。

2. 图标操作

（1）打开图表。

在终端安装的过程中，创建缺省的图表夹 Default。在打开终端时会默认并列显示图表夹中保存的四个主要货币对 EURUSD，USDCHF，GBPUSD，USDJPY 的图表窗口（如图 3-6 所示）。每个窗口都可以关闭、改变时间周期、放大到整个图表窗口，然后点窗口底部的品种标签可以在不同的品种间切换。如果不小心把品种标签栏关掉了，可以点“显示”菜单—图表工具栏重新显示。对哪个图表进行操作，就得单击图表区域或品种标签选中它，使它处于激活状态。虽然可以不加限制地打开多个品种或同一品种多个周期的新窗口，但是图表打开过多，不但软件启动加载时运行很慢，而且使用过程中在图表窗口间每次转换查看时系统都要重新计算图表数据，也会导致系统变慢。

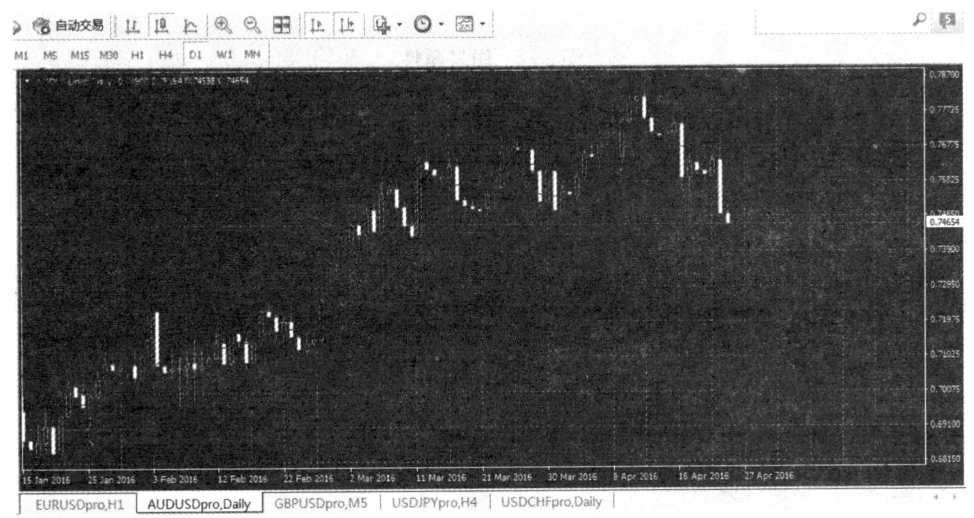

图 3-6　图表窗口

有四种方式可以打开一个新图表：①使用“常用按钮”中操作；②点击“文件菜单—新图表”；③点击“窗口菜单—新窗口”；④市场报价窗口选中某个品种，点击右键“图表窗口”。新图表打开后系统会自动保存，不会丢失。

（2）设置图表属性。

图表是一种金融品种价格动态的时间模型，可以执行主菜单“图表—属性”来显示图表属性窗口，也可以通过图表的右键菜单选择“属性”或直接按 F8 键来显示。在此窗口中可以自定义图表颜色（颜色页中），如图 3-7 所示：

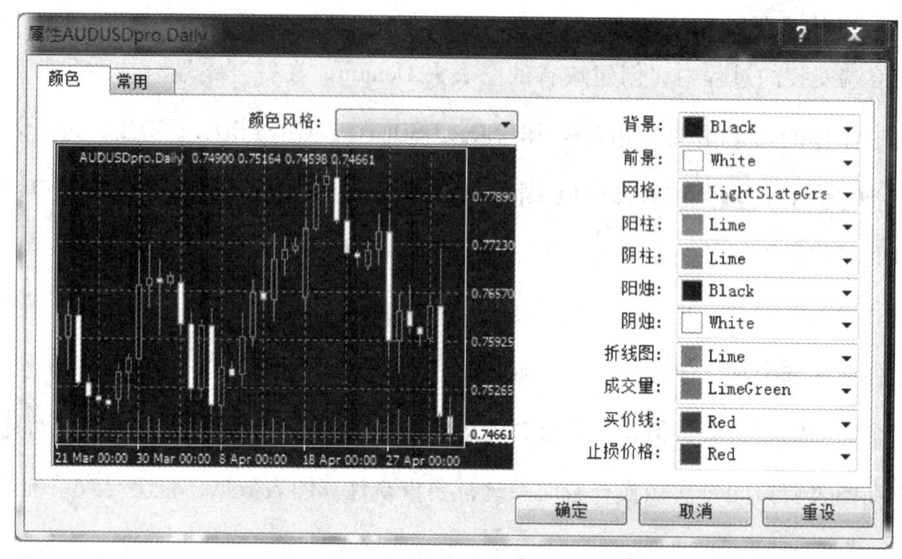

图 3-7 图表属性

◇ 背景——整个图表的背景。

◇ 前景——坐标轴、刻度和开高低收价格。

◇ 网格——网格。

◇ 阳柱——阳线的框线。

◇ 阴柱——阴线的框线。

◇ 阳烛——阳线的实体部分。

◇ 阴烛——阴线的实体部分。

◇ 折线图——折线图和十字星。

◇ 成交量——成交量线。

◇ 卖出价线——图表中显示的卖出价水平线。

◇ 止损价位——止损止赢价位的水平线。

窗口左边的图中能实时看到修改颜色的结果。除了手工选中颜色以外，在“颜色风格”的下拉列表框中还可以选择预定义的风格：“Yellow on Black”“Green on Black（默认）” or “Black on White”。在选择不同的颜色风格时，对此风格的描述颜色也会改变。我们自己的颜色风格必须保存在模板里才不会丢失。

此窗口还能自定义常规图表属性，切换到“常规”属性页并选择所需选项，如图3-8 所示：

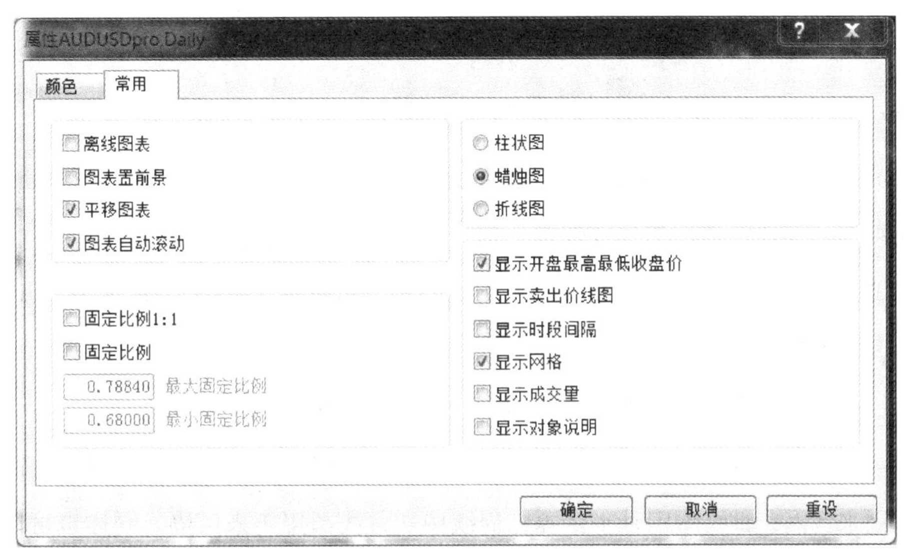

图 3-8 “常规”属性页

◇ 离线图表——切换图表到离线模式。选中这个选项将不能接收新的实时报价，也不能用新的价格数据画图。取消此选项后就能接收和画出新的价格数据。打开离线图表模式（主菜单“文件—打开离线历史数据”），此选项自动选中。

◇ 图表置前景——选中此选项，图表价格数据会放置在屏幕最前端，所有的分析对象都放于其后。此选项也可以通过主菜单“图表—图表置前景”实现。

◇ 平移图表——允许/禁止从窗口的右侧移动图表以使图表窗口右侧留出空白。在图表工具条上选择 或者选择主菜单“图表—图表平移”功能相同。

◇ 图表自动滚动——允许/禁止当收到新的报价时图表向左滚动。在图表工具条上选择或者选择菜单“图表—自动滚动”功能。

◇ 固定比例 1：1——固定图表比例为 1：1。

◇ 固定比例——固定图表比例。终端中的所有图表缺省为自动缩放比例。选中此选项将不再自动缩放比例而是固定比例，此时“最大固定比例”和“最小固定比例”被激活。

◇ 柱状图——显示图表为柱状图表。在图表工具条上选择或者选择主菜单“图表—柱状图”或按快捷键 ALT+1 功能。

◇ 蜡烛图——显示图表为日本蜡烛图表，就是我们平时所用的 K 线。在图表工具条上选择或者选择主菜单“图表—蜡烛图”或按快捷键 ALT+2，功能相同。选中蜡烛样式，再点一下放大按钮才能看清蜡烛形状。

◇ 折线图——显示图表为用收盘价连接起来的曲线。在图表工具条上选择或者选择主菜单“图表—折线图”或按快捷键 ALT+3，功能相同。

◇ 显示开盘最高最低收盘价——在图表的左上角显示/隐藏 OHLC 价格（开盘价、最高价、最低价、收盘价）。

◇ 显示卖出价线图——在图表上显示/隐藏卖出价线图。

◇ 显示时段间隔——显示/隐藏时间区间，从 1 分钟到 1 小时图用天来区隔；4 小时图用周来区隔；日线图用月来区隔；周线图和月线图用年来区隔。同样也可以通过“程序选项”来实现相同的操作。

◇ 显示网格——显示/隐藏图表窗口的网格。右键菜单、主菜单“图表”中的“显示网格”命令或者快捷键 Ctrl+G 与此功能相同。

◇ 显示成交量——显示/隐藏成交量。右键菜单、菜单“图表”中的“成交量”命令或者快捷键 Ctrl+L 与此功能相同。

◇ 显示对象说明——显示/隐藏图表中的对象说明。

注意：图表属性设置完毕，要点确定按钮退出。重设按钮是恢复默认的意思。

3. 添加技术指标

技术分析指标是指将金融品种的价格和/或成交量进行数学运算，以预测未来的价格变化。技术分析指标信号能帮助决定是否开仓或平仓。通过功能属性判断，技术分析指标能分为两类：趋势指标和震荡指标。趋势指标可以确立价格向某个方向运动以及同时或滞后出现的价格拐点。震荡指标可以提前或同时确立价格的拐点。添加技术指标是图形分析的核心环节。如何合理地搭配技术指标在图表上，需要一定的技巧和长时间的总结。如果技术指标添加过多，将会占用大量内存，严重地会造成死机。

（1）添加技术指标：有三种方式可以为当前激活的图表窗口添加技术指标。①点插入菜单—技术指标—单击某个指标（见图 3-9）；②点“常用”工具条中的[icon]操作；③在导航器窗口的技术指标和自定义指标里双击某个指标或者拖动到图表窗口。在弹出的指标属性窗口中可以修改指标参数、线型（双击左键修改）、颜色、应用时间周期范围和添加水平线等，设置完毕点确定按钮生效，点重设按钮恢复默认设置（见图 3-10）。

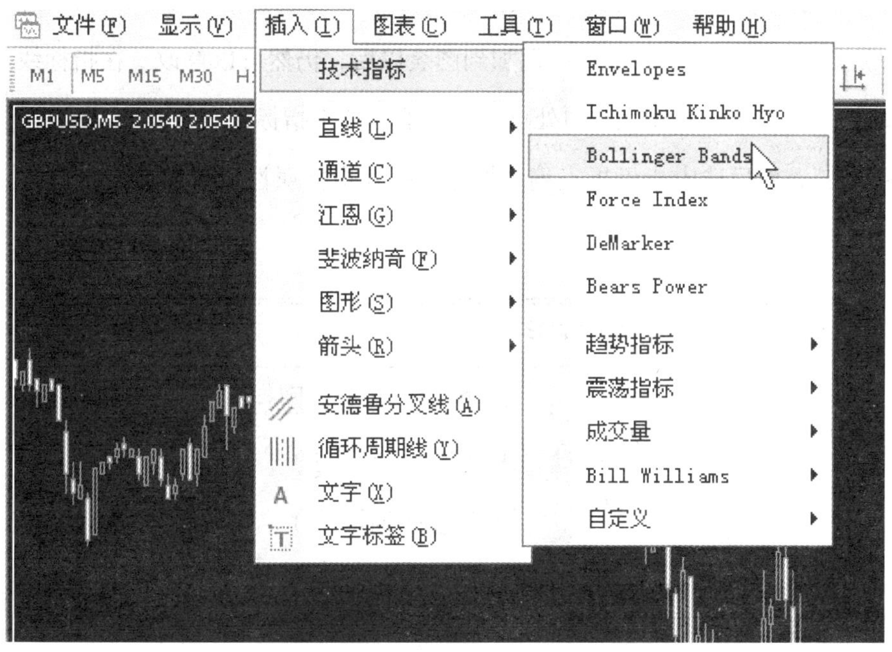

图 3-9 技术指标添加窗口

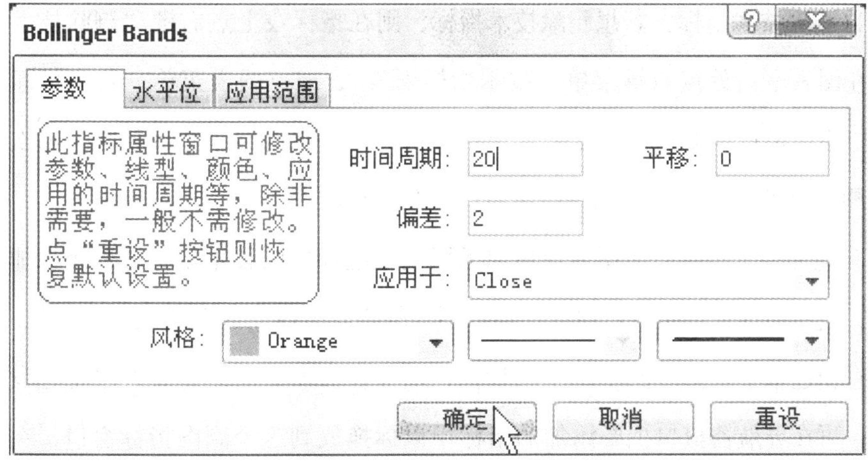

图 3-10 指标属性窗口

（2）添加自定义技术指标：MT4 终端提供了强大的自编指标功能，用户既可以自己设计编写指标，还可以从网络上寻找并下载他人提供的自定义指标。将指标文件（.ex4）放到 MT4 安装目录 \ experts \ indicators 这个文件夹里，然后重启 MT4，应用时点插入菜单—技术指标—自定义指标或者双击点导航器窗口中的自定义指标就可以了。如果指标文件是.mq4（源码文件），在此文件上双击打开 MetaEditor 编辑器，点击工具栏菜单“编写”按钮即可生成. ex4 文件。

（3）修改技术指标：技术指标添加到图表以后，仍然可以修改。在指标线上点右键“属性…”，或通过在图表空白处点右键菜单“技术指标列表”，或点图表菜单“技术指标列表”，然后选中指标再点编辑按钮，打开指标属性设置窗口进行修改（见图 3-11）。

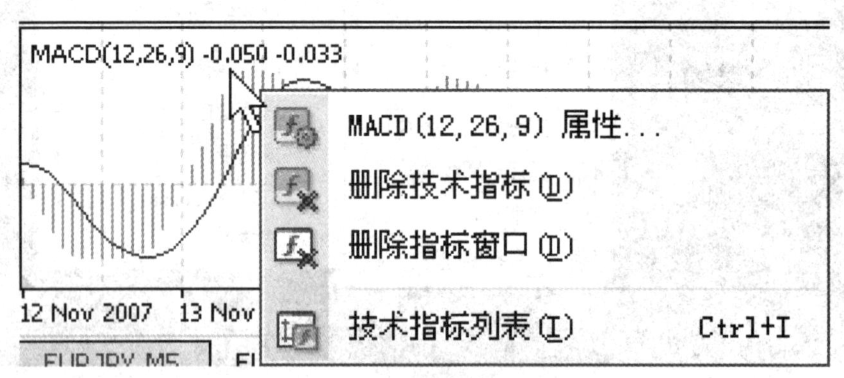

图 3-11　技术指标修改窗口

（4）删除技术指标：若想删除技术指标，则在指标线上点右键“删除技术指标”，或通过在图表空白处点右键菜单“技术指标列表”，或点图表菜单“技术指标列表”，然后选中指标再点删除按钮。如果一个副图指标窗口只有一个技术指标，那么右键菜单中“删除技术指标”和“删除指标窗口”是一样的。

（5）叠加技术指标：主图窗口可以无限制地叠加主图技术指标，重复添加指标过程即可；副图指标窗口不但可以叠加参数不同的相同指标（实现单线变多线），还可以叠加具有相近水平坐标位的不同副图指标，以节省屏幕空间。叠加方法是先设置好副图指标，再在导航器窗口把要添加的指标用鼠标拖放到这个副图指标窗口，在弹出的指标属性窗口设置好参数点确定完成。指标的叠加便于利用指标的多指标、多参数的共振来提高分析的成功率。

（6）查看指标数值：将鼠标光标放在技术指标的线条上，会提示技术指标的数值。也可以点主菜单“显示—数据窗口”或使用快捷键“Ctrl+D”或点“常用按钮”中的⊕打开数据窗口，然后在图表上水平移动鼠标指针，就可以得到坐标位的全部指标数值。

4. 下单

（1）开仓。

开仓是交易的第一步，是根据市价单或挂单指令进行的。

（a）市价单

市价单是以市场当前价格成交的订单。买入是以交易商作为卖方的叫价（卖出价）成交的，卖出是以交易商作为买方的出价（买入价）成交的。市价单中可以同时设置止损和获利订单。

订单可通过订单控制窗口“新订单”发出执行指令。此窗口可以使用主菜单中“工具—新订单”指令打开；或使用热键 F9；或在“市场报价”窗口和“终端—交易”窗口中使用右键菜单的“新订单”命令；也可以在“市场报价”窗口中用鼠标双击金融品种的名称。对于市价单，必须在打开的新订单窗口中，在交易类型框里选择“市价成交”（默认即是）。

新订单窗口上必须设定：

◇ 商品——选择所要交易的金融品种，默认显示当前图表对应的品种或者在市场报价窗口所选中的品种。

◇ 手数——选择下单的数量，也可以手工输入。

◇ 止损价——设定止损价格，默认是零，表示不设。如果输入数值后想改回零，可用 Delete 键或 Backspace 键修改。

◇ 获利价——设定止赢价格，默认是零，表示不设。如果输入数值后想改回零，可用 Delete 键或 Backspace 键修改。

◇ 注释——填写注释内容，注解的大小不可超过 25 个字符。

◇ 卖/买——选择下单方向，建立多仓或空仓。

◇ 允许成交价和报价的最大偏差——不选或选择零表示不允许滑点成交。有时市场变化太快，允许滑点更便于成交。

订单设定好以后，点击买或卖按钮后，即弹出成交信息窗口，点击确定关闭窗口。成交后的订单将显示在“终端—交易”窗口，图表上也将显示开仓部位的下单价格水平。在按下“卖”或“买”按钮后，若遇价格波动剧烈，则“重新报价”窗口可能会出现，要求对新价格进行确认。

（b）挂单

挂单交易是在未来的价格等于设定的价格水平时才以市价成交。在挂单的同时也可以设置止损和获利价。挂单交易包括四种类型：

限价买单（Buy Limit）——设置在未来某个低于当前市场价格水平的位置买入，属于逆势建仓。

止损买单（Buy Stop）——设置在未来某个高于当前市场价格水平的位置买入，属于顺势追涨。

限价卖单（Sell Limit）——设置在未来某个高于当前市场价格水平的位置卖出，属于逆势建仓。

止损卖单（Sell Stop）——设置在未来某个低于当前市场价格水平的位置卖出，属于顺势杀跌。

和市价单一样，首先打开新订单窗口，然后在交易类型框里选择“挂单交易”。此挂单窗口除了和市价单相同的以外，必须设定：

◇ 类型——选择挂单的类型（限价买单、止损买单、限价卖单、止损卖单）。

◇ 价位——设定下单价格水平。

◇ 到期日——设定订单的有效时间。

◇ 下单——发送执行订单命令。

点击“下单”按钮后，挂单将显示在“终端—交易”窗口里。可以双击或通过右键菜单进行修改或删除。当挂单在市价达到预设价格成交建仓后，在“终端—交易”窗口中的挂单记录会被删除，开仓记录将显示出来。在“终端—账户历史”窗口中仍可以看到完整的挂单记录。

（c）止损

止损设置的目的是，在金融品种价格开始向无盈利方向运行时，使亏损最小化。该设置常常不是与开仓就是与挂单交易结合。开仓后也可以为订单添加止损。若要添加止损或修改，则需要使用“终端—交易”窗口的右键菜单“修改或删除订单”命令，或用鼠标左键双击修改头寸（挂单交易）。在弹出订单窗口后，您需要在“止损”栏输入需要的价格。一旦订单的此栏有变动，将会存储新的价格。如果要删除此止损，那么此栏必须显示零。在每项操作执行完成后，应按下“修改订单”按钮。在设定止损价之后，在图表窗口会显示订单价格水平的标记。设定于挂单交易的止损仅在挂单交易成交与开仓后才能被激活。当市价达到预设止损价格后，系统将执行平仓操作，在“终端—交易”窗口中的开仓记录会被删除，在“终端—账户历史”窗口中仍可以看到完整的交易记录。

（d）止赢（获利价设置）

对于止赢，有的交易平台叫作限价，止赢设置是为了在金融品种价格达到预期水平之后进行获利了结。操作与上面的止损说明类似。

（e）追踪止损

追踪止损也叫移动止损，是为了当开仓头寸向盈利的方向变动时，相应地不断跟进止损位。一旦价格回调到跟进后的止损位置，便可以及时执行平仓，以保住大部分盈利成果。此工具对下述情况尤其有用：价格向单一方向剧烈移动时（在没有深幅回调时具有明显的趋势），以及没有可能密切监视市场变化的情况下。

设定追踪止损需执行“终端—交易”窗口的右键菜单“追踪止损”命令，选定一个期望的追踪点数。从追踪止损设置的那一刻起，终端每接收一次报价都会核算头寸的盈利并跟进止损位置。每次自动修改止损设置都会在日志中做出记录。取消追踪止损，需要选中“终端—交易”窗口的右键菜单“追踪止损”中的参数“无”；若终止所有自动追踪止损功能，则需要选中“终端—交易”窗口的右键菜单“追踪止损”中的参数“全删”命令。

注意：自动移动止损功能仅在客户端有效，不同于止损和止赢在服务器中的情形。因此，若终端退出后，自动追踪止损功能将不再有效。

(f) 锁仓

锁仓也叫锁单、对冲，是新开仓一个与现有开仓订单方向相反的头寸，以锁住盈亏。解锁时，平掉其中那个对预期不利的订单即可。锁单的好处是享受交易商提供的不占用保证金的政策，其他并无实际用途。

2. 平仓

平仓是交易的第二步，平仓以后才构成完整的交易。平仓有三种情况，分别是主动平仓、挂单平仓、强制平仓。

(1) 主动平仓。

主动平仓是指自己根据对行情的判断，认为平仓的时机成熟而手工市价平仓。在已开仓订单上点右键“平仓”或直接双击已开仓订单，打开平仓窗口，点“平仓…”按钮即可完成以市价平仓。

(2) 挂单平仓。

挂单平仓是指在已开仓订单设置了止赢和止损价格的前提下，当市价达到所设置的价格时，系统会自动平仓。挂单指令是在服务器端执行的，无需人工干预。

(3) 强制平仓。

强制平仓是指当由浮动亏损而导致账户净值低于平台规定的最低维持保证金水平时，系统会自动强制平掉所有仓位。要注意的是，如果遇市场价格剧烈波动，可能会跳过强制平仓点平掉，而导致实际亏损金额高于理论数值。

三、实训案例

(一) 中国工商银行网银实盘交易流程

中国工商银行网银实盘交易流程如图 3-12 所示：

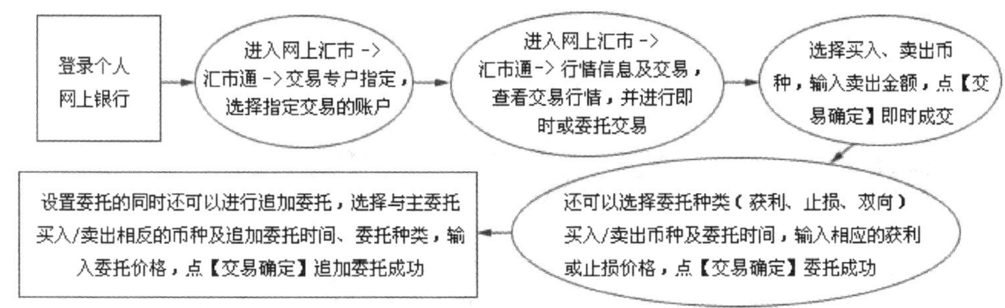

图 3-12　中国工商银行网银实盘交易流程

1. 登录个人网银账号

操作如图 3-13 所示：

个人网上银行登录

版本：9.2

卡（账）号/用户名：　找回用户名

登录密码：

验证码：　ei 87　刷新验证码

您使用网上银行，须阅读并遵守《中国工商银行电子银行章程》、《中国工商银行电子银行个人客户服务协议》和《中国工商银行个人网上银行交易规则》，如您使用贵宾版个人网上银行还须阅读并遵守《中国工商银行贵宾版个人网上银行服务须知》。

登　录

重要提示　如果您是第一次在本计算机上使用网上银行，请使用网银助手进行必要的安装设置。

图 3-13　个人网上银行登录

2. 进入外汇通

操作如图 3-14 所示：

赵朝霞 您好 地区：重庆　系统公告：工行手机门户（WAP）随时、随地体验移动金融服务　搜索

欢迎页面　我的账户　定期存款　通知存款　公益捐款　转账汇款　e卡服务　网上贷款　网上挂失　养老金

工行理财　网上汇市　网上基金　网上国债　网上贵金属　银证业务　个人外汇业务　网上期货　网上保险　跨国理财

网上预约　缴费站　信用卡服务　金融超市　网上购物　工银信使　电子银行注册　银行卡服务　安全中心　客户服务

网上汇市　>> 网上汇市 > 汇市通 > 行情信息及交易 > 行情信息及交易

汇市通　行情信息及交易　>>体验评价　>>自助演示

行情信息及交易　行情报价区　外汇交易区

行情信息及交易

图 3-14　进入外汇通

3. 选择交易盘，查看行情

操作如图 3-15 所示：

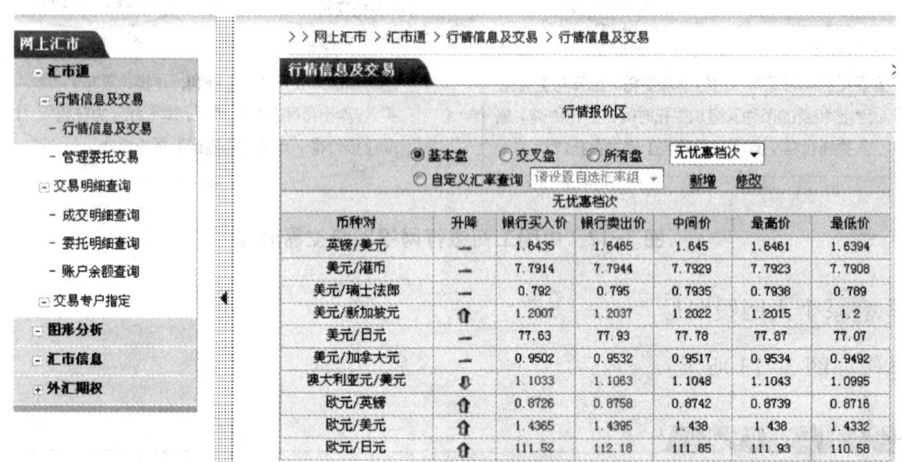

币种对	升降	银行买入价	银行卖出价	中间价	最高价	最低价
英镑/美元	—	1.6435	1.6465	1.645	1.6461	1.6394
美元/港币	—	7.7914	7.7944	7.7929	7.7923	7.7908
美元/瑞士法郎	—	0.792	0.795	0.7935	0.7938	0.789
美元/新加坡元	↑	1.2007	1.2037	1.2022	1.2015	1.2
美元/日元	—	77.63	77.93	77.78	77.87	77.07
美元/加拿大元	—	0.9502	0.9532	0.9517	0.9534	0.9492
澳大利亚元/美元	↓	1.1033	1.1063	1.1048	1.1043	1.0995
欧元/英镑	↑	0.8726	0.8756	0.8742	0.8739	0.8716
欧元/美元	↑	1.4365	1.4395	1.438	1.438	1.4332
欧元/日元	↑	111.52	112.18	111.85	111.93	110.58

图 3-15 查看交易盘行情

4. 选择交易方式

操作如图 3-16 所示：

外汇交易区

即时 获利 止损 双向

卖出币种： 日圆

买入币种： 美元

最多可卖： 0 日圆

最少可卖： 10000 日圆

卖出金额： 日圆

最新买价: 最新卖价: 点差:

即时成交参考价查询

正常委托

委托时间： 1天 查询委托参考价

获利委托价格:

止损委托价格:

追加委托

追加获利 追加委托时间： 1天

追加止损 追加获利委托价格：

追加止损委托价格：

交易确定

图 3-16 选择交易方式

5. 明细查询

操作如图 3-17 所示：

币种对	升降	银行买入价	银行卖出价	中间价	最高价	最低价
英镑/美元	—	1.6435	1.6465	1.645	1.6461	1.6394
美元/港币	—	7.7914	7.7944	7.7929	7.7923	7.7908
美元/瑞士法郎	—	0.792	0.795	0.7935	0.7938	0.789
美元/新加坡元	⇧	1.2007	1.2037	1.2022	1.2015	1.2
美元/日元	—	77.63	77.93	77.78	77.87	77.07
美元/加拿大元	—	0.9502	0.9532	0.9517	0.9534	0.9492
澳大利亚元/美元	⇩	1.1033	1.1063	1.1048	1.1043	1.0995
欧元/英镑	⇧	0.8726	0.8758	0.8742	0.8739	0.8716
欧元/美元	⇧	1.4365	1.4395	1.438	1.438	1.4332
欧元/日元	⇧	111.52	112.18	111.85	111.93	110.58

图 3-17　查询明细

（二）通过 ForexMT4 软件进行欧元兑美元的交易流程

（1）建立模拟账户。

在文件中点击“开新模拟账户”，点击“下一步”，如图 3-18 所示：

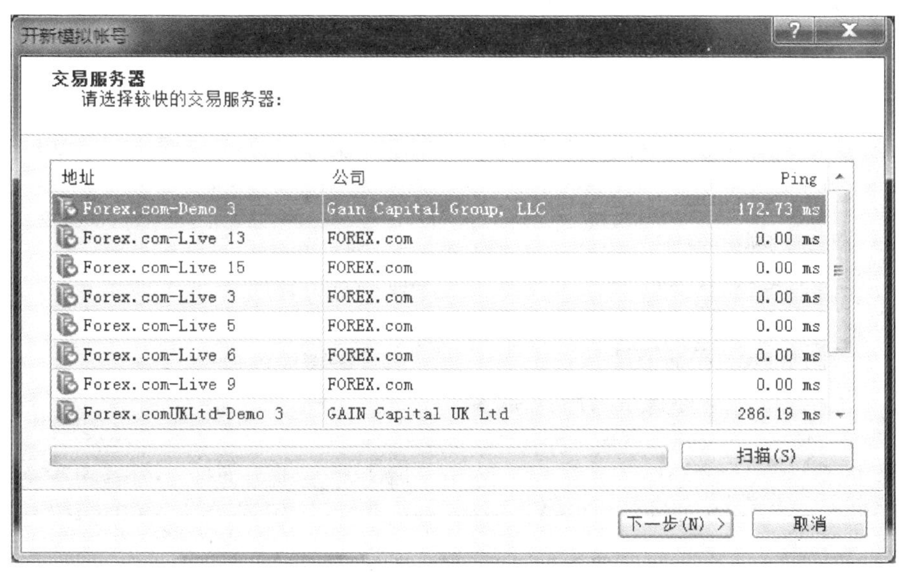

地址	公司	Ping
Forex.com-Demo 3	Gain Capital Group, LLC	172.73 ms
Forex.com-Live 13	FOREX.com	0.00 ms
Forex.com-Live 15	FOREX.com	0.00 ms
Forex.com-Live 3	FOREX.com	0.00 ms
Forex.com-Live 5	FOREX.com	0.00 ms
Forex.com-Live 6	FOREX.com	0.00 ms
Forex.com-Live 9	FOREX.com	0.00 ms
Forex.comUKLtd-Demo 3	GAIN Capital UK Ltd	286.19 ms

图 3-18　建立模拟账户操作一

（2）选择新的模拟账户，点击“下一步”，如图 3-19 所示：

开新模拟帐号
选择账户类型
要开始工作，需要一个账户：
要开始工作，你需要一个有效的交易帐户。如果您已经有一个帐户，选择“使用现有交易账户”，然后按“完成”。如果你没有现有帐户，您可以通过选择“创建一个新模拟账户”并按下“下一步”：
使用现有交易帐户
账号：
密码：
保存密码
服务器：Forex.com-Demo 3
新的模拟账户
新的真实账户
< 上一步(B)
下一步(N) >
取消

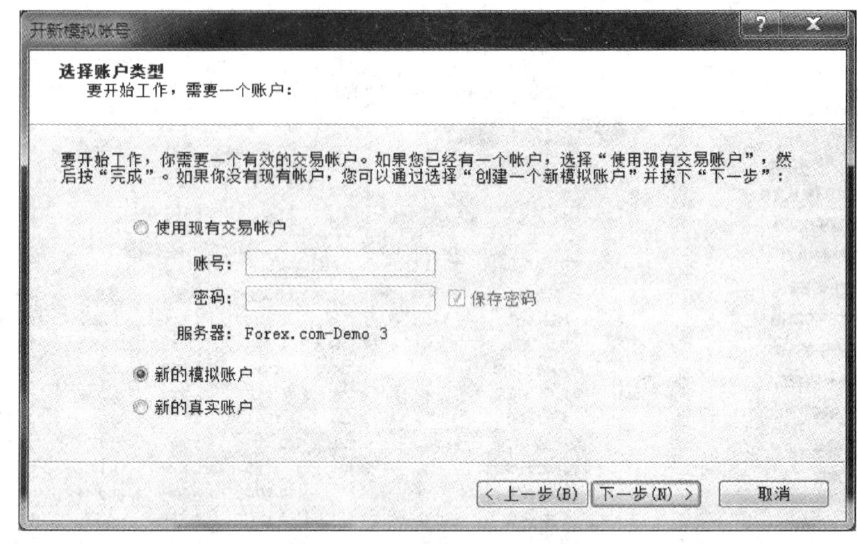

图 3-19　建立模拟账户操作二

（3）依次填入个人信息，选择账户类型、开户货币、交易倍数、存款额。注意：每项都为必填项，并选择“我同意阅读你们的新闻简报”，点击“下一步”。如图 3-20 所示：

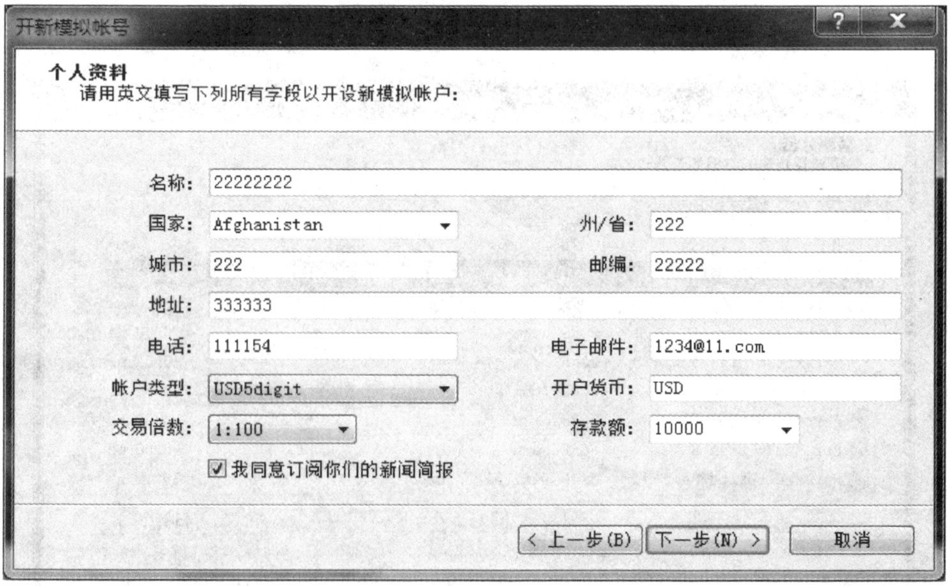

开新模拟帐号
个人资料
请用英文填写下列所有字段以开设新模拟帐户：
名称：22222222
国家：Afghanistan
州/省：222
城市：222
邮编：22222
地址：333333
电话：111154
电子邮件：1234@11.com
帐户类型：USD5digit
开户货币：USD
交易倍数：1:100
存款额：10000
我同意订阅你们的新闻简报
< 上一步(B)
下一步(N) >
取消

图 3-20　建立模拟账户操作三

（4）注册成功，记下生成的模拟账户名和密码，并点击“完成”。如图 3-21 所示：

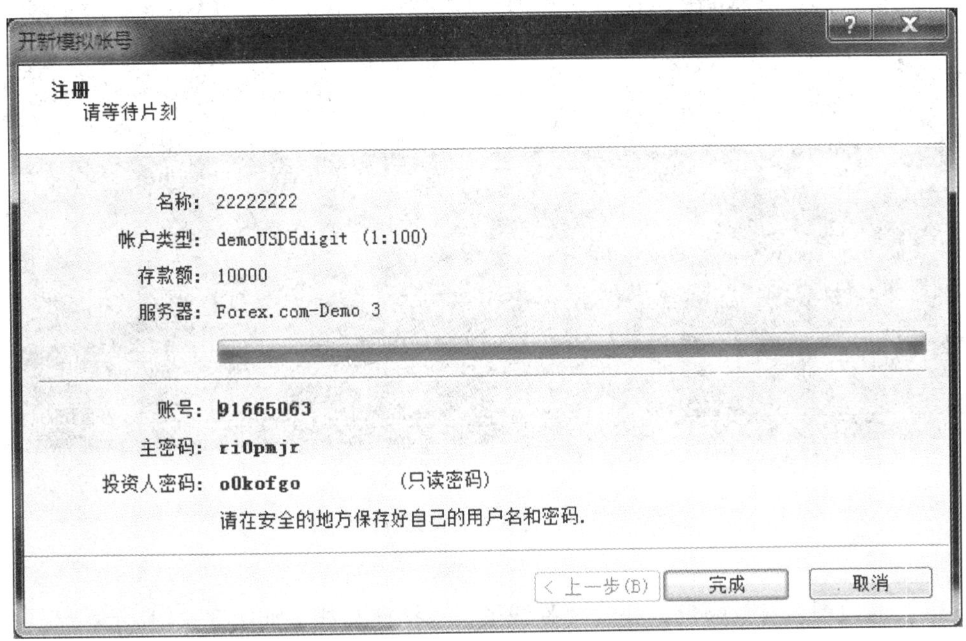

图 3-21　建立模拟账户操作四

（5）进入软件界面，如图 3-22 所示：

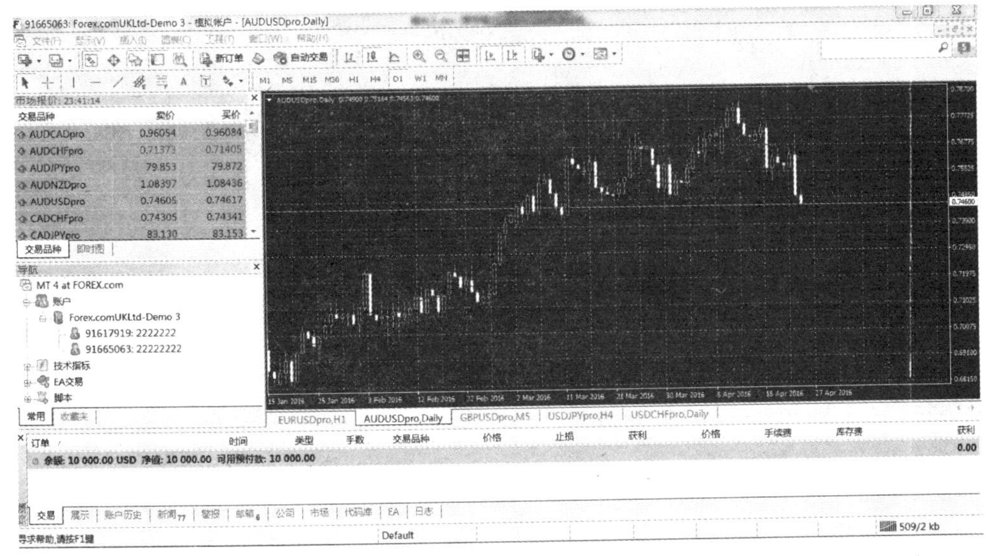

图 3-22　模拟账户界面

（6）选定欧元兑美元行情窗口，如图 3-23 所示：

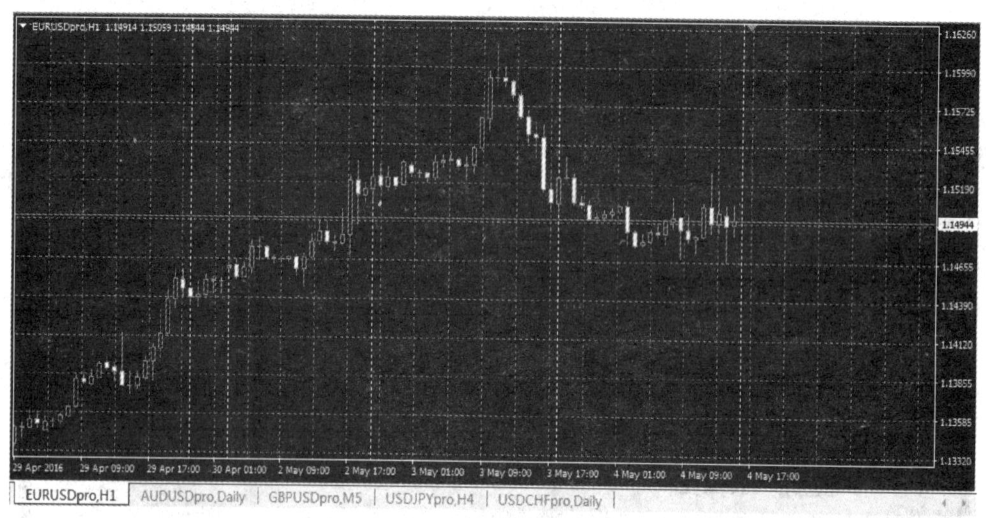

图 3-23　选定欧元兑美元行情窗口

（7）修改图表背景颜色，并放大 K 线图，选择日 K 线，如图 3-24 所示：

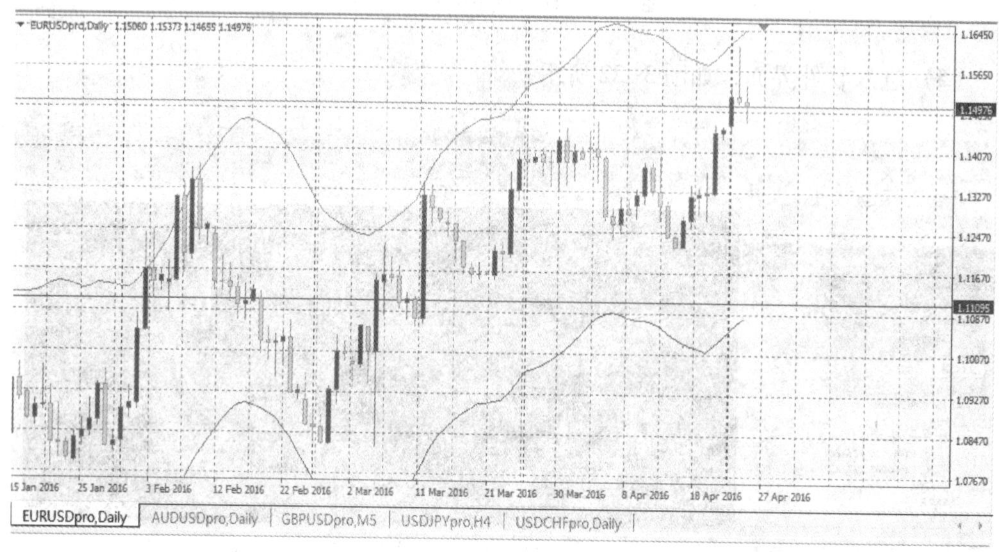

图 3-24　选择日 K 线

（8）添加均线和 MACD 技术指标，如图 3-25 所示：

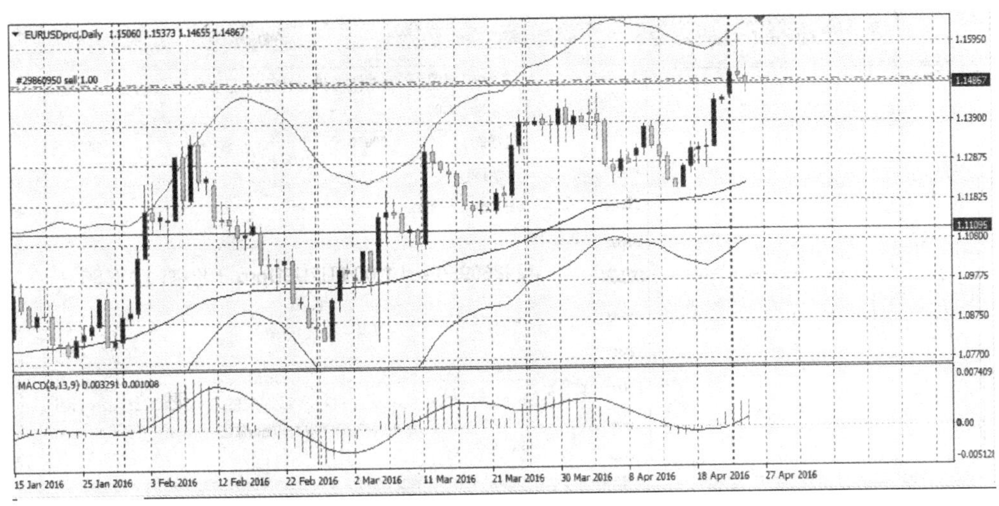

图 3-25 添加均线和 MACD 技术指标

（9）下单，点击“新订单”，选择欧元兑美元，市价卖出，交易 1 个合约，如图 3-26 所示：

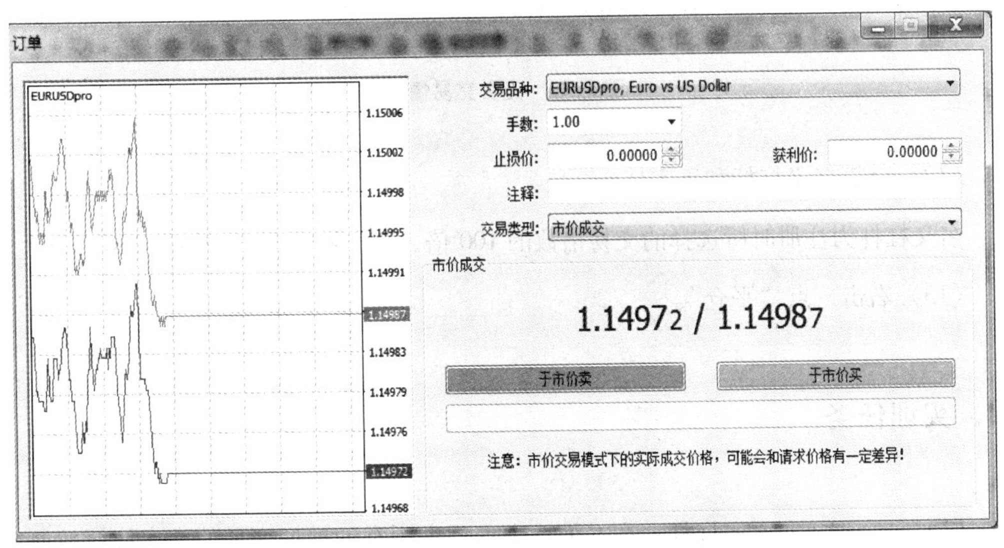

图 3-26 下单操作界面

（10）订单生成，点击“OK”，如图 3-27 所示：

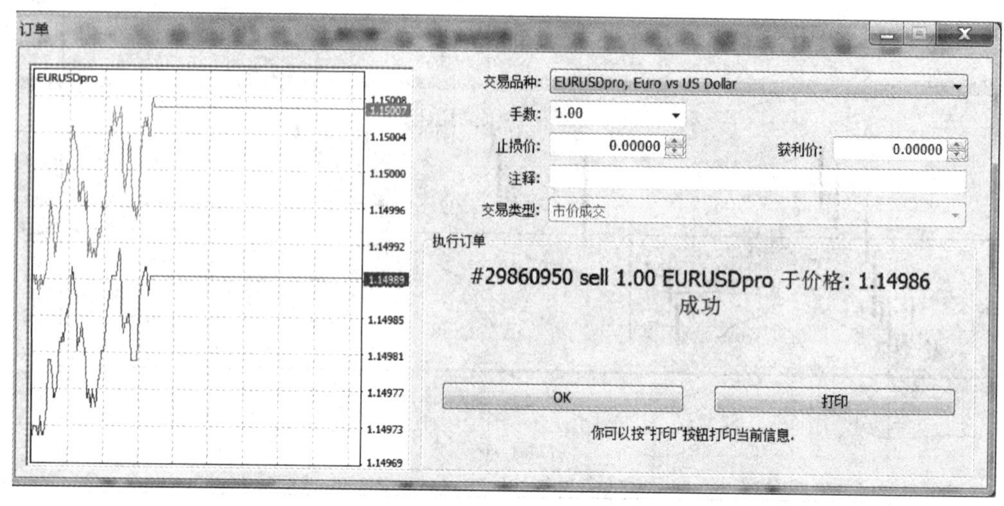

图 3-27　订单生成界面

（11）查看交易情况，如图 3-28 所示：

订单	时间	类型	手数	交易品种	价格	止损	获利	价格	手续费	库存费	获利
29860950	2016.05.04 23:48:53	sell	1.00	eurusdpro	1.14986	0.00000	0.00000	1.14992	0.00	0.00	-6.00
余额: 10 000.00 USD 净值: 9 994.00 已用预付款: 1 149.86 可用预付款: 8 844.14 预付款比例: 869.15%											-6.00

图 3-28　查看交易情况

（12）计算名义杠杆和真实杠杆。

名义杠杆为注册时所选择的交易倍数的 100 倍，真实杠杆为 10 000/1 150＝8. 69。

（13）右击，点“平仓”。

四、实训任务

（1）请合理控制真实杠杆。在本模块中，要求所有的模拟交易的真实杠杆控制在 20 倍以内。每次交易需要说明以及证明所使用的杠杆率。

（2）查询我国外汇银行的个人外汇交易业务。首先，收集各银行个人外汇实盘交易的有关资料，并根据收集的资料进行比较。内容包括：个人外汇实盘的成本、业务基本流程、交易平台及其操作流程。其次，查询我国外汇银行个人外汇保证金交易。请用表格列出银行、外汇交易名称、交易货币种类、外汇交易类型等。

（3）注册一个工商银行的模拟账号，进行模拟外汇交易，熟悉外汇交易的界面和基本操作，要求至少使用一次委托交易。

（4）注册 ForexMT4 软件模拟账号，并修改图表颜色，选定一组货币对进行挂单交易，下单后平仓。

实训二 个人外汇交易基本面分析

基本面分析是指对宏观基本因素及其变化对汇率走势造成的影响进行研究，从而判断汇率走势的分析方法，因此基本分析有预测性。基本面是汇率走势的根源，汇率是经济基本面的数字体现。影响基本面的因素主要包括各国经济特征和货币本身的特性。基本面分析的对象是主要交易的六个货币对：USD/JPY，USD/CHF，USD/CAD，AUD/USD，GBP/USD，EUR/USD。

一、实训目的和要求

1. 掌握基本面分析的特点，了解基本面分析的内容
2. 熟悉影响各国货币的主要因素，掌握经济因素对货币走势的影响
3. 掌握经济分析当中的长期影响因素和短期影响因素
4. 掌握各国货币本身的特性及其对货币走势的影响
5. 会应用基本面分析对汇率进行预测

二、实训原理

（一）基本面分析的含义及内容

基本面分析是指对宏观基本因素及其变化对汇率走势造成的影响进行研究。各国货币走势的基本面分析主要包括经济特征和货币本身的特征。基本面分析既能对货币走势进行长期预测，也能对货币短期走势进行预测。而且在外汇交易当中，基本面分析极其重要。其中，经济分析主要包括经济理论和经济数据的分析，而货币本身的特征则是指根据各国货币受到的政治、地缘、人文、军事以及该国经济特征等各方面的

不同影响而形成的各自的特点。

（二）影响汇率的经济因素

各种基本面因素中最重要的是经济因素。各国的经济面是该国货币汇率波动最强大的原动力。经济因素的分析包括经济理论和经济数据两方面的研究。经济理论是基本分析的核心基础，经济数据的建立和阐述都是某种经济学理论、经济事件（比如重大会议）的展开。经济数据通常对外汇市场具有短期的冲击力。

1. 经济因素

影响汇率走势的经济因素包括购买力平价、经济增长、利率政策、就业报告、国际贸易、通货膨胀、开工率、库存率、新房开工率、消费者信心指数、先行指标等经济数据，还包括重要的经济事件，比如货币当局官员的讲话、研究机构的研究报告等。其中，购买力平价与汇率走势长期呈现明显的相关性。利率政策、非农就业人数、贸易收支、通货膨胀等会对汇率产生短期的冲击。

对于经济因素的分析，首先要弄清楚经济理论，即该因素与其他因素之间的关系以及与汇率之间的关系。比如央行的干预，国家相关机构对外汇市场的干预在短期内对汇率的走势影响很大。一般来说，在外汇市场的价格出现异常大的，或是朝同一方向连续几天的剧烈波动时，中央银行往往会直接介入市场，通过商业银行进行外汇买卖，以试图缓解外汇行市的剧烈波动。然后要分析经济数据。经济数据会使汇率产生重要的短期变化，因此经济数据公布的时间非常重要（见表 3-1）。其次是经济数据公布的三个数值。经济数据包括前值、实际值和预期值。在实际值公布之前，预期值相对前值的变化可能会影响汇率的短期走势。当实际值公布以后，实际值与预期值之间的关系将对汇率走势产生巨大的冲击。

表 3-1　　　　影响美元走势的经济指标

经济指标	公布频率	公布时间	来源
美联储公开市场委员会会议声明	每年八次	每次议息会议后	美联储
消费者物价指数（CPI）	每月	当月的第二周或第三周	劳工部
生产者物价指数	每月	月份结束后 2 周	劳工部

表3-1(续)

经济指标	公布频率	公布时间	来源
供应管理协会制造业调差	每月	下月第一个工作日	供应管理协会
就业形势分析（数据）	每月	月份结束后第一个周五	劳工部
每周失业救济申请人数	每周	周四	劳工部
耐用品订单	每月	月份结束后3~4周	商务部
零售销售额	每月	月份结束后第二周	商务部
消费者信心指数	每月	当月最后一个周二	经济咨商局(会议局)
消费者情绪调查（初值和终值）	半月	每月第二个周五（初值） 和最后一个周五（终值）	密歇根大学
EIA石油储存报告	每周	周三	能源信息署
领先经济指标	每月	月份结束后第三周	经济咨商局(会议局)
工业产值和设备利用率	每月	下月月中	美联储
国际贸易	每月	第二周	商务部
国内生产总值	每季	每季结束第一个月的最后一周	商务部
个人收入和支出	每月	月份结束后4~5周	商务部
新屋动工和建造许可证数字	每月	月份结束后2~3周	商务部
二手房销售数据	每月	月份结束后4周	全美房地产经纪人协会
新屋销售数字	每月	月份结束后四周左右	商务部
每周住房抵押贷款申请	每周	周三	抵押贷款银行家协会

注：重要程度从高到低排序：非农就业数据、美联储公开市场委员会利率决定、贸易收支、消费者物价指数、零售额、国内生产总值、经常账、耐用品订单、国际资本流入报告。

2. 经济原理

（1）利率政策。

任何货币都会受到利率政策的影响，其重要性适应于各国货币。各国利率调整以及央行的货币政策动向对短期汇率走势的影响都是最重要的。同时，市场对利率以及货币政策的预期也可能造成货币汇率的大幅波动。但利率对汇率的影响是不确定的，可能引起本币升值也可能引起本币贬值，具体要依情况而定。关键是要看提高利率吸引资金流入和提高利率引起资本市场价格下跌的资金外流两个方面的博弈结果。如果前者的影响大于后者，则本币升值；反之则本币贬值。同时要留意股市的下跌是一种由于利率上升引起的短时间的调整，还是一种由于经济增长受阻而出现的中长期下跌趋势。

真实利率始终是市场也是央行关注的焦点。无论是美联储还是日本银行，还是俄罗斯联邦中央银行，无论是加息还是减息，都是围绕真实利率展开的。这说明真实利率才是至关重要的宏观经济和金融指标。一个国家的名义利率不可能长期脱离合理的真实利率（2%左右）。过高则抑制经济增长，过低则导致资源浪费。

两种货币所属国的利率差异会导致套息交易的兴盛。所谓的套息交易策略就是利用了两国利率的差异，同时从汇率趋势中获利。这种策略既赚取了息差，也能够获得汇率本身的价差。但对于个人交易者而言，在全世界不同的账户中存取资金以便获得息差是存在难度的，因为零售外汇交易业务的息差足以抹平其中的收益。不过对于对冲基金和投资银行这类机构投资者而言，低成本接近全球市场并赚取息差是完全做得到的。因此，他们在低风险的前提下就可以稳健地利用利率差异获得收益。套息交易使得高息货币得到资金的追捧，因而高息货币的走势会得到强有力的支持。个人外汇交易者可以通过跟踪息差变化和息差预测来洞悉汇率走势。

（2）就业报告。

美国非农就业报告是美国市场最关注的数据。它包括：非农就业人数净变动、失业率、制造业就业人数、平均时薪。其中，非农就业报告被称为皇冠上的宝石，尤其是在经济复苏阶段，就业成为了和反通胀同样重要的目标。就业报告所显示的就业情况越好，越有利于美元升值；否则，美元贬值。

（3）通货膨胀。

国内外通胀的差异是决定汇率长期趋势的主导因素。在不兑现的信用货币条件下，两国之间的比率，是由各自所代表的价值决定的。如果一国通货膨胀高于他国，该国货币在外汇市场上就会趋于贬值；反之，就会趋于升值。美国的通胀情况主要通过美国的消费物价指数和生产者物价指数来体现。

（4）国际贸易。

一般而言，在一定的条件下，一个国家的货币汇率下降，表示本国货币贬值，这将有利于本国扩大出口，减少进口，取得贸易顺差。如果一国货币升值，将有利于进口，而不利于出口，长此以往将使本国贸易出现逆差。

（5）经济增长。

经济复苏，温和的通货膨胀出现，就业增加，产出增加，价格温和上升，生产能力还有部分剩余，但在逐渐缩小产出缺口，产出能力大于需求，但在逐渐接近，汇率升值；经济持续增长，控制中的通胀出现，产出能力等于需求，汇率升值；经济见顶，经济泡沫出现恶性通胀，就业停滞，甚至有些下滑，产出能力基本利用，产能利用率达到饱和，产出能力小于需求，汇率贬值。

决定经济增长的直接因素包括：投资量，与经济增长呈正比；劳动量；生产率，是指资源（包括人力、物力和财力）利用的效率，提高生产率也会为经济增长直接做出贡献。一般来说，在经济比较发达的国家或阶段，生产率的提高对经济增长的贡献较大。在经济比较落后的国家或阶段，资本投入和劳动投入的增加对经济增长的贡献较大。

3. 经济数据

外汇交易中，通常出现“消息入市，证实平仓”的现象。因为经济数据公布前会影响市场预期，但这种现象并不一定会出现，而是要视数据重要性、市场焦点等因素的影响，所以在解读经济数据时，在真实数据公布前，预期值非常重要，而真实数据公布时，其与预期值之间的关系是市场关注的焦点。真实数据跟预期值相差越大，震撼效应就越高。而具体的数据价值有多高，则可依据数据公布引起的日均波幅来估计。在这个过程中，掌握市场焦点非常重要，能够帮助我们确定数据的重要性。

（1）就业报告通常被誉为外汇市场能够做出反应的所有经济指标中的“皇冠上的宝石”。它是市场最敏感的月度经济指标。投资者通常能从中看出众多市场敏感的信息。其中，外汇市场特别重视随季节性调整的每月就业人数的变化情况。比如，强劲的非农就业情况表明了一个健康的经济状况，并可能预示着更高的利率，而潜在的高利率促使外汇市场推动该国货币价值。

（2）汇市对 GDP 的增长率的关注程度更高于对其绝对值的关注，特别当实际数据与经济学家的预测相去甚远时，更会对汇市造成重大冲击。GDP 增长速度越快，表明该国经济发展越快；增速越慢，表明该国经济发展越慢；如 GDP 陷入负增长，则该国毫无疑问地陷入了经济衰退。一般来讲，若GDP维持较快的增速，将会对该国货币带来支撑；反之对该国货币起到利空作用。就美国来说，国内生产总值维持3%的增长，表明经济发展是健康的。低于1.5%，显示经济放缓和有步入衰退的迹象。更多的时候用失业率来衡量经济情况：4%为正常水平，超过9%则说明经济处于衰退。

（3）采购经理人指数用于衡量制造业在生产、新订单、商品价格、存货、雇员、订单交货、新出口订单和进口八个范围的状况。有全国采购经理人指数和芝加哥采购经理指数两种，如数值低于50，表明经济形势不妙，高于50表明制造业处于扩张阶段；如当月数值远低于上月数值，表明经济增长放缓。

（4）领先指数是预测未来经济发展情况的最重要的经济指标之一，是各种引导经济循环的经济变量的加权平均数。通常来讲，外汇市场会对领先指数的剧烈波动做出强烈反应。领先指数的猛增将推动该国货币走强，领先指数的猛跌将促使该国货币走软。其他国家比如日本、瑞士、加拿大、德国等也会公布领先指数。德国的ZEW经济景气指数和IFO经济景气指数也包含一定领先指数的意味。

（5）消费零售数据。消费者信心指数反映出消费者对未来经济状况的预期，从而影响其目前的消费行为，从另外一个侧面显示经济的繁荣和衰退的周期性变化。

零售数据对于判定一国的经济现状和前景具有重要指导作用，因为零售销售直接反映出消费者支出的增减变化。一国零售销售额的上升，代表该国消费支出的增加，经济情况好转，利率可能会被调高，对该国货币有利；反之如果零售销售额下降，则代表景气趋缓或不佳，利率可能调整，对该国货币偏向利空。汽车销售能很好地反映出消费者对经济前景的信心。

汽车销售情况是我们了解一国经济循环强弱情况的第一手资料，早于其他个人消费数据的公布。汽车销售还可以作为预示经济衰退和复苏的早期信号。汽车销售额的上升，预示着该国经济转好和消费者消费意愿增强，对该国货币利好，同时可能伴随着货币利率的上升，刺激该国货币汇率上扬。

消费者信贷余额包括用于购买商品和服务的将于两个月及两个月以上偿还的家庭贷款。外汇市场关注的是随季节调整的超前净信贷余额。一般来讲，消费者信贷余额的增加表明消费支出和对经济的乐观情绪增加。这种情形通常产生于经济扩张时期。

信贷余额的下降表明消费支出减少，并可能伴随着对未来经济活动的悲观情绪。通常来讲，如果消费者信贷余额不出现大幅波动，外汇市场对该数据的反应并不强烈。

（6）物价指数。消费者物价指数是反映与居民生活有关的产品及劳务的价格的物价变动指标，通常作为观察通货膨胀水平的重要指针。消费者物价指数上升太快，有通货膨胀的压力，此时中央银行可能会通过调高利率来加以控制，对一国货币来说是利多。不过，消费者物价指数升幅过大，表明通货膨胀已经成为经济不稳定的因素。此时，央行会面临紧缩的货币政策和财政政策的风险，从而造成经济前景不明朗。故该指数过高的升幅并不被市场欢迎。

生产者物价指数主要用于衡量各种商品在不同生产阶段的价格变化情况。它与消费者物价指数一样，通常作为观察通胀水平的重要指标。对于外汇市场，更加关注的是最终产品 PPI 的月度变化情况。一般而言，当生产者物价指数增幅很大而且持续加速上升时，该国央行相应的反应是采取加息对策阻止通胀快速上涨，则该国货币升值的可能性增大；反之亦然。

（7）新屋开工及营建许可在各国公布的数据体系中一般占有较重要的地位，因为住宅动工的增加将使建筑业就业人数增加，新近购房的家庭通常会购买其他耐用消费品，使其他产业的产出和就业增加。通常来讲，新屋开工与营建许可的增加，理论上对该国货币来说是利好因素，将推动该国货币走强，而新屋开工与营建许可的减少或低于预期，将对该国货币形成压力。

（8）财政赤字累积过高时，对于该国货币属于长期的利空。此时，为了要解决财政赤字，只能靠减少政府支出或增加税收。这两项措施对于经济或社会的稳定都会产生不良的影响。若一国财政赤字加大，该国货币会下跌；反之，若财政赤字缩小，表示该国经济良好，该国货币会上扬。

（9）经常账。顺差表明本国的净国外财富或净国外投资增加。逆差表示本国的净国外财富或净国外投资减少。

（10）生产能力数据。生产能力数据包括产能利用率和耐用品订单两个指标。产能利用率是实际生产能力到底有多少在运转并发挥生产作用。当产能利用率超过 95%，代表设备使用率接近全部，通胀的压力将随产能无法应付而急速升高；在市场预期利率可能升高的情况下，对一国货币利多。反之，如果产能利用率在90%以下，且持续下降，表示设备闲置过多，经济有衰退的现象；在市场预期利率可能降低的情况下，对该国货币利空。

耐用品订单代表未来一个月内，对不易耗损的物品的订购数量。该数据反映了制造业活动情况。该统计数据包括了国防部门用品及运输部门用品。这些用品均为高价产品。这两个部分数据对整体数据有很大的影响，故市场也较注重扣除国防部门用品及运输部门用品后数据的变化情况。总体而言，如该数据增长，则表示制造业情况有所改善，利好该国货币；反之，若降低，则表明制造业出现萎缩，对该国货币利空。

（11）平均小时薪金是用平均每小时和每周收入衡量私人非农业部门的工作人员的工资水平。该指标存在着一定的易变性和局限性，但仍然是一个月中关于通货膨胀的头条消息。外汇市场主要关注每月和各年随季节调整的平均每小时和每周工资的变化情况。一般而言，如果预计平均小时薪金能引起利率的上涨，那么每小时工资的迅速上涨对该国货币而言将形成利好。

（12）IFO经济景气指数是由德国IFO研究机构编制的，是观察德国经济状况的重要领先指标。IFO经济景气指数，是指对包括制造业、建筑业及零售业等各产业部门每个月均进行调查。由于IFO经济景气指数为每月公布的信息，并且调查了企业对未来的看法，而且涵盖的部门范围广，因此在经济走势预测上的参考性较高。

（13）ISM指数是由美国供应管理协会公布的重要数据，对反映美国经济繁荣度及美元走势均有重要影响。ISM供应管理协会制造业指数由一系列分项指数组成，其中以采购经理人指数最具代表性。该指数通常以50为临界点，高于50被认为是制造业处于扩张状态，低于50则意味着制造业的萎缩，影响经济增长的步伐。

（14）日本短期数据。日本政府每季会对近1万家企业进行未来产业趋势调查，调查企业对短期经济前景的信心，以及对现时和未来经济状况与公司盈利前景的看法。负数结果表示对经济前景感到悲观的公司多于感到乐观的公司，而正数则表示对经济前景感到乐观的公司多于感到悲观的公司。历史数据显示，日本政府每季公布的企业短期报告数据极具代表性，能准确地预测日本未来的经济走势，因此与股市和日本汇率波动有相当的联动性。

经济数据重要性可参考指标如下：

（a）五星指标：失业率（包括就业数据报告、失业率等）、物价指数（CPI，PCE，PPI）、利率（美国每年公布八次）、制造业调查报告（制造业的相关指数）、德国 IFO 经济景气指数。

（b）四星指标：国内生产总值（每季度公布一次）、贸易余额、耐用品订单、采购经理人指数、日本经济观察报告（每季度公布一次）、新屋开工及建造许可证。

4. 经济事件

在这里所指的经济事件包括与经济相关的一国的政治、文化、市场等事件以及经济新闻、报告等。一国的经济事件很多。在基本面分析当中，应把握市场焦点来筛选重要的经济事件。只有与市场焦点相关的经济事件才会对汇率产生影响。

当某些政治事件即将发生时，由于其中所涉及的不确定性，因此事情不明朗时，外汇汇率通常会走软。在某些情况下，市场可能对事件结果相当有把握，汇率也会预先反映相关的预期，或是上升，或是下降。在政治和新闻事件发生之前，往往首先会出现一些传言。外汇交易市场对各种政治和新闻传言会做出相应的反应。如果传言确实可信，汇率会产生反应；当传言被证实，市场可能不再有反应。

（三）货币本身的特性

1. 货币分类

（1）商品货币：主要涉及这些货币所属国家的资源和出口倾向。澳元和加元是典型的商品货币。澳大利亚和加拿大的特征主要是货币利率高、出口占国民生产总值的比例较高、两者都是某种重要的初级产品的主要生产国和出口国、货币汇率与某种商品或者黄金价格同向变动。

澳大利亚在煤炭、铁矿石、铜、铝、羊毛等工业品和棉纺品的国际贸易中占绝对优势。因此，这些商品价格的上涨，对澳元的正面影响是很大的。另外，尽管澳洲不是黄金的重要生产国和出口国，但是澳元和黄金价格正相关的特征比较明显。此外，澳元是高息货币。美国方面的利率前景和体现利率前景的国债收益率的变动对其影响较大。

加拿大是西方七国里最依赖出口的国家，其出口占其 GDP 的四成，而出口产品主要是农产品和海产品。另外，加元是非常典型的美元集团货币（美元集团指的是那些同美国经济具有十分密切关系的国家，主要包括同美国实行自由贸易区或者签署自由贸易协定的国家，以加拿大、拉美国家和澳洲为主要代表），其 80%的出口面向美国，与美国的经济依存度极高。这表现在汇率上，就是加元兑主要货币和美元兑主要货币的走势基本一致。另外，加拿大是西方七国里唯一一个石油出口的国家，因此石油价格的上涨对加元是大利好，使其在对日元的交叉盘中表现良好。

（2）投机货币：英镑和日元都属于投机货币。恰好这两个国家处在欧亚大陆两边，都是岛国，有太多相似的地方。英镑是曾经的世界货币，目前则是最值钱的货币。每日的波动也较大，特别是其交易量远逊于欧元，因此其货币特征就是波动性较强。伦敦作为最早的外汇交易中心，其交易员的技巧和经验是顶级的，而这些交易技巧在英镑的走势上得到了很好的体现。因此，英镑相对于欧元来说，人为因素较多，特别是短线的波动。那些交易员对经验较少的投资者的“欺骗”可谓“屡试不爽”。因而，短线操作英镑是考验投资者功力的试金石，而那些经验和技巧欠缺的投资者，对英镑最好敬而远之。

英镑属于欧系货币，与欧元联系紧密。因英国和欧元区在经济、政治方面密切相关，且英国为欧盟重要成员国之一。因此，欧盟方面的经济政治变动，对英镑的影响颇大。2016 年 6 月 24 日，英国成功脱欧，之后英镑与欧元之间的联系较之前可能会相对弱化。此外，英国发现，北海的存在使其成为 G7 里少数能石油自给的国家。油价的上升在一定程度上还利好于英镑。相对日元，英镑兑日元的交叉就有较好的表现。

因为日本国内市场狭小，其经济为出口导向型经济。特别是在日本经济衰退时期，出口成为国内经济增长的救命稻草，因此，经常性的干预汇市，使日元汇率不至于过强。保持出口产品竞争力成为日本习惯的外汇政策。日本央行是世界上最经常干预汇率的央行。且日本外汇储备丰富，干预汇市的能力较强。因此，对于汇市投资者来说，对日本央行的关注当然是必需的。日本方面干预汇市的手段主要是口头干预和直接入市。因此，日本央行和财政部官员的言论对日元短线波动的影响颇大。这是短线投资者需要重点关注的，也是短线操作日元的难点所在。

日本经济与世界经济紧密联系，特别是与主要贸易伙伴，如美国、中国、东南亚地区密切相关。因此，日元汇率也较易受外界因素影响。日本虽是经济大国，但是政治傀儡，可以说是“美国的小伙计”，唯美国马首是瞻。因此，日本汇率政策受美国影响较大。

石油价格的上涨对日元是负面的。虽然日本对石油的依赖日益减少，但是心理上依旧依赖。

（3）避险货币：由于欧亚大陆各国纵横交错，因此国际争端较多。美国却有先天的地理优势，故美国在两次世界大战中都充当了避险的角色，现在仍然如此。但传统意义上的避险货币则是瑞士法郎。瑞士是传统的中立国。瑞士法郎也是传统的避险货币，故在政治动荡期，能吸收避险资金。另外，瑞士宪法曾规定，每一瑞士法郎必须有40%的黄金储备作支撑。虽然这一规定已经失效，但是瑞士法郎同黄金价格是心理上仍具有一定的联系。黄金价格的上涨，能带动瑞郎一定程度的上涨。

瑞士是一个小国，因此决定瑞郎汇率的因素更多的是外部因素，主要是美元的汇率。另外，因其也属于欧系货币，故平时基本上跟随欧元的走势。

瑞士法郎货币量小。在特殊时期，特别是政治动荡会引发对其大量的需求时，它能很快推升其汇率，且容易使其币值高估。

另外，由于美国拥有全球最强大的军事力量，处在欧亚大陆之外，因此当欧元大陆的边缘和中心受到政治动荡和军事纷争困扰时，美国是很好的资金避险港。美元有时也充当避险货币的角色，但同时也要考虑到美国对这些政治动荡和军事纷争的控制能力。

（4）欧系货币：在地理位置上属于欧洲的国家所发行的货币都属于欧系货币。欧元占美元指数的权重为57.6%，比重最大。因此，欧元基本上可以看做美元的对手货币。投资者可参照欧元来判断美元强弱。欧元的比重也体现在其货币特性和走势上。因为比重和交易量大，所以欧元是主要非美币种里最稳健的货币，如同股票市场里的大盘股，常常带动欧系货币和其他非美货币，起着“领头羊”的作用。因此，新手入市，选择欧元作为主要操作币种，颇为有利。

同时，欧元面世仅数年，历史走势颇为符合技术分析，且走势平稳，交易量大，不易被操纵，人为因素较少。因此，仅从技术分析角度而言，对其较长趋势的把握更具有效性。除了一些特殊市场状况和交易时段，一般而言，对于重要点位和趋势线以及形态的突破，可靠性都是相对较强的。

一国政府和央行对货币都会进行符合其利益和意图的干预，区别在于各自的能力不同。由于美国的国家实力、影响力、政治结构，因此美国政府对货币的干预能力颇强。可以说，美元的长期走势基本上可以按照美国的意图，而欧元区的政治结构相对分散，利益分歧较多，意见分歧相应也多。因此，欧盟方面影响欧元汇率的能力也大打折扣。当欧美方面因利益分歧在汇率上出现博弈时，美国方面占上风是毋庸置疑的。

另外，瑞郎和英镑也属于欧系货币，因此大部分时候波动一致。

（5）美系货币：美系货币也是要关注的一个重点货币团体。所谓美元集团指的是那些同美国经济具有密切关系的国家，主要包括同美国实行自由贸易区或者签署自由贸易协定的国家，以加拿大、拉美国家和澳洲为主要代表。同时，将要成为美元集团的还有亚洲的新加坡（签订双边自由贸易协定）。新加坡经济今后对美国的依赖程度将进一步加大。新加坡虽然处在亚洲，深受日元的影响，但是未来也将会在很大程度上追随美元的走势。

我们通常说，美元集团货币和商品货币有一些区别。这种区别主要表现在这些国家同美国经济的关系是否极为密切。这表现在汇率上面，加元兑主要币种的走势同美元兑主要币种的走势基本一致。因此从严格意义上讲，加元是特别典型的美元集团货币。同时鉴于澳洲和美国的经济联系相对小于加拿大，而其汇率和商品货币更有关联性，因此其商品货币的属性要大于加元，但通常基本上可以认为加元、澳元既是商品货币又是美元货币。

另外，虽然同属于美元集团，或者说具有类似的特点和属性，但是各国的经济周期同美国并不完全一致，有的时候稍稍滞后一些，有的时候则会提前一些。因此，商品货币的走势，特别是加元、澳元同美元的联系也不尽相同。

（6）亚系货币：主要以日元为代表。当面临全球经济不平衡风险时，人民币的升值压力往往体现在日元的升值上。

2. 货币特征

（1）美元。美元是我们首先研究的对象。美元是全球硬通货、各国央行主要货币储备。美国的政治经济地位决定美元的地位。同时，美国也通过操纵美元汇率为其自身利益服务，有时不惜以牺牲他国利益为代价。美国的一言一行对汇市的影响重大，因此，从美国自身利益的角度考量美国对美元汇率的态度，对把握汇率走势非常重要。

美国国内金融资本市场发达，同全球各地方联系紧密，且国内各市场也密切相关。因为资金随时能在逐利目的下于汇市、股市、债市间流动，也能随时从国内流向国外，所以这种资金的流动对汇市的重大影响不言而喻。比如，美国国债的收益率的涨跌，对美元汇率就有很大影响，特别是在汇市关注点注重美国利率前景时。因国债对利率的变化敏感，投资者对利率前景的预期的变化，敏锐地反映在债市。如果国债收益率上涨，将吸引资金流入，而资金的流入，将支撑汇率的上涨，反之亦然。因此，投资者可以从国债收益率的涨跌来判断市场对利率前景的预期，以做出汇市投资决策。重要经济指标包括 GDP、就业数据、消费部门指标（消费者信心指数、零售销售指数等）、投资支出指标（新屋开工率、耐用品订单）、生产者价格指数、消费者价格指数、国际收支指标（国际贸易逆差、净资本流入）、预算赤字、领先指标等。

（2）欧元。欧洲央行控制欧元区的货币政策。欧洲央行的政策的首要目标就是稳定价格。其货币政策有两大主要基础：一是对价格走向和价格稳定风险的展望。价格稳定主要通过调整后的消费物价指数（HICP）来衡量，使其年增长率低于 2%。HICP 尤为重要，由一系列指数与预期值组成，是衡量通货膨胀的重要指标。二是控制货币增长的货币供应量（M3）。政治因素和其他汇率相比，EUR/USD 最容易受到政治因素的影响，如法国、德国或意大利的国内因素。主要的经济数据包括国内生产总值、通货膨胀数据（CPI 或 HCPI）、工业生产指数、失业率、IFO 经济景气指数以及经济信心指数等。

（3）瑞郎。瑞郎是传统的避险货币。瑞士宪法曾经规定瑞郎的发行必须有 40% 的黄金准备。至今，瑞郎与黄金仍然保持非常高的关联度，黄金和瑞郎通常保持同涨同跌的趋向。因其也属于欧系货币，瑞郎与欧元的走势通常保持一致。瑞士央行也会经常干预瑞郎汇率，使其与欧元保持同步。最常交易的是欧元/瑞郎货币对。瑞郎与美元的走势基本上是相反的，美元/瑞郎的走势基本可以反映美元指数的走势，交易者可以通过美元/瑞郎来观察美元的走势。重要的经济指标包括黄金价格、KOF 领先指标、消费者物价指数、GDP、国际收支、工业生产指数、零售销售等指数。

（4）英镑。英国脱欧之前，英镑与欧元联系紧密。欧盟方面的经济政治变动，对英镑的影响颇大。脱欧后，预计英国和欧盟之间还会继续保持亲密关系。英镑/美元的交易比欧元/英镑更活泼，但英镑/美元对美国的发展动向更敏感。英国有世界上最大的能源公司，能源行业占 GDP 的 10%。英镑与能源价格，特别是石油价格具有正相关关系，油价的上升在一定程度上还利好于英镑。英格兰银行实施通货目标值，零售物价通胀率控制在 2. 5%，英格兰银行的政策走向和调整受其影响较大。重要的经济指标包括利率、资本流动性比率、就业、零售物价指数、GDP、工业产值，采购经理指数、新屋开工率等。

（5）日元。日本本土自然资源匮乏，市场狭小，因此其经济是出口导向型经济。日元受日本财政部的（制定财政和货币政策的唯一部门）影响超过美国、英国和德国。日本央行是世界上最经常干预汇市的中央银行。因此，日本中央银行的言论和政策对日本的短线波动影响较大，是交易者需要重点关注的。日本以 3 月 31 日作为财政年度的终止时间，9 月底是半个财政年度。因此，每到这两个月份，外汇市场日元的交易非常活跃，日元容易阶段性走强。重要经济指标包括日本的季度短观调查报告（4、7、10、12 月中旬）等。日本汇率也较易受外界因素的影响。日经 255 指数是日本主要的股票市场指数。当日本汇率合理降低，整个日经指数也会上涨。

（6）澳元。澳元是典型的商品货币。澳元价值与煤炭、铁矿石、铜、铝等商品价格正相关。同时，澳元也会受到黄金和石油价格的影响。澳元是高息货币，有很明显的收益性。

（7）加元。加拿大是西方七国里最依赖出口的国家，其出口占其 GDP 的四成，而出口产品主要是农产品和海产品。加元是非常典型的美元集团货币，其出口的 80% 是美国，与美国的经济依存度极高。表现在汇率上，就是加元兑主要货币和美元兑主要货币走势基本一致。按出口在 GDP 中所占的比率，加拿大分别是美国和日本的四倍和两倍。因此，虽然在大家的认识中都认为日本是一个出口外向型的国家，但是实际上，加拿大是西方七强里依赖出口最重的国家。

三、实训案例

（一）欧元及美元特性及其市场的焦点分析

1. 根据美元的特性

（1）美国的财政政策和货币政策以及美联储的相关会议和言论。

（2）美国的股票指数、美元指数。

（3）美国宏观经济：非农就业人数变化、国内生产总值、消费者信心指数、零售销售指数、贸易账；生产者物价指数、消费者物价指数、PMI 领先指标。

2. 根据欧元的特性

（1）欧央行的货币政策和各国财政政策。

（2）欧洲宏观经济：经济增长景气的指标（包括欧元区和德国的工业产出值、工业订单、零售销售指数、贸易账）；物价指数失业率、IFO 经济景气指数以及经济信心指数等。

（3）欧元区各国状况，各国会议尤其是危机后的干预及经济恢复情况。

3. 2016 年外汇市场的焦点

（1）美国货币政策：加息和量化宽松；

经济数据：经济增长、通货膨胀、非农就业报告；

经济事件：美联储的行动、美联储重要官员的报告、市场预期。

（2）英国脱欧（欧盟）、欧元区经济恢复情况；

经济数据：经济增长、利率；

经济事件：英国退欧公投前的市场预期、公投结果、公投后的影响及政府干预。

（二）影响欧元兑美元汇率的重要经济因素分析

1. 英国脱欧事件

2013 年 1 月 23 日，英国首相卡梅伦首次提及脱欧公投。2015 年 1 月 4 日，英国首相卡梅伦表示，如果有可能，将原计划于 2017 年进行的公投提前举行。外媒 2015 年 5 月 28 日报道，英国政府向下议院提交并公布了有关“脱欧公投”的议案，包括公投问题的语句，并承诺将在 2017 年年底之前举行投票。具体公投时间是 2016 年 6 月 23 日。

公投前，2016 年 6 月 21 日，BBC 组织有关公投的电视辩论；英国国家社会研究中心发布欧盟公投调查报告，指出英国退出欧盟成本高昂，退出欧盟对于英国经济意味着巨大的冲击，短期内，退欧影响主要体现在近期经济发展前景上；长期来看，退欧将通过贸易和海外直接投资等渠道给英国经济带来结构变化。6 月 22 日，英国电视台 Channel 4 举行公投相关电视辩论。6 月 23 日 14 点投票开始，6 月 24 日 5 点投票结束，7 点陆续公布各地区的公投结果。最终公投结果与民调大相径庭，脱欧票数领先留欧票数 100 多万张，脱欧派以 52%的得票率胜出，最终英国脱欧成功。

公布脱欧后，很快就有人发起举行第二次公投的网络请愿运动，获得超过 412. 5 万人署名支持。除了发起请愿，希望继续留在欧盟的英国人也一再发起反脱欧的游行集会。另外，6 月 25 日，英国首相卡梅伦发表声明宣布将辞职，并表示未来三个月会继续担任首相，10 月在保守党年会选出下任首相。7 月 9 日，英国政府正式拒绝了要求英国就是否脱离欧洲联盟举行第二次公投的请愿。尽管脱欧对英国经济会产生极大的影响，但是英国仍然尊重公投结果，拒绝第二次公投，且市场已经基本消化了英国公投的负面结果。如果重新公投又会引起再一次的巨幅波动。为了应对退欧公投对英国经济的冲击，市场普遍预期，英国央行可能会降息。

虽然英国不属于欧元区，但是它有欧盟最大的金融中心，并且是许多欧元区国家的主要贸易合作伙伴。英国脱欧对欧元区的经济产生严重影响，使得欧元区经济增速放缓。英国脱欧还带来了一系列的影响，如难民的涌入、对安全问题担忧的增加等。这会造成不确定性因素的增加，拖累结构改革政策的实施。另外，英国脱欧对欧洲经济一体化形成极大的挑战，不利于欧盟的持续稳定。

英国脱欧对英镑和欧元的汇率都会产生极大的影响，导致英镑和欧元都出现大幅度的贬值。从脱欧对欧元和英镑汇率走势的短期影响来看，从 24 日 6 点到 12 点的 6 个小时里，欧元和英镑的汇率出现巨幅波动。欧元兑美元出现大幅下降，波幅达 950 点。英镑兑美元出现大幅下跌，跌幅达 1 800 点。欧元兑英镑出现大幅上升，英镑相对欧元下跌，汇率上升幅度达 700 点（见图 3-29、图 3-30、图 3-31）。

图 3-29 欧元兑美元 1 小时图——脱欧前后汇率短期走势

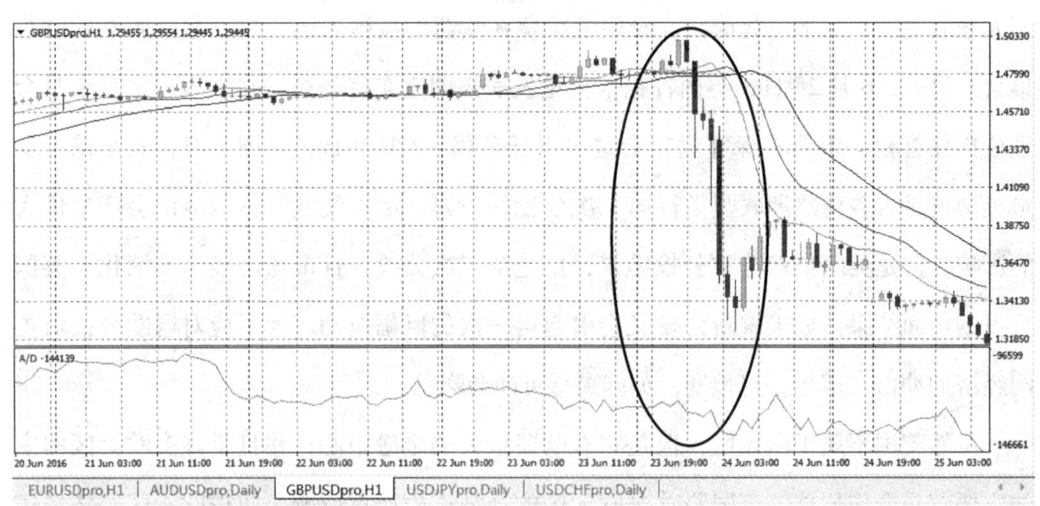

图 3-30 英镑兑美元 1 小时图——脱欧前后汇率短期走势

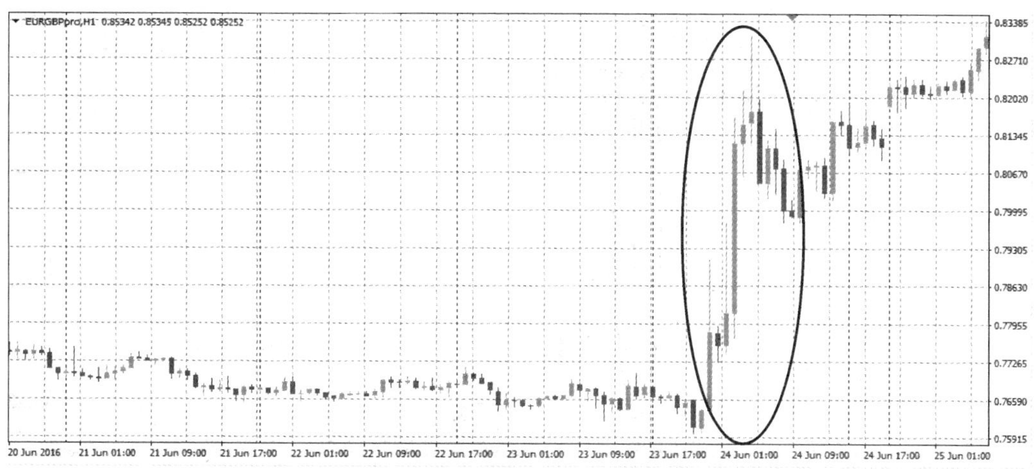

图 3-31　欧元兑英镑 1 小时图——脱欧前后汇率短期走势

如图 3-32、图 3-33 所示，24 日后，英镑汇率继续下跌的趋势比较明显。欧元有一个回调的阶段，7 月初欧元兑美元汇率并没有跌破 24 日的最低价格。在脱欧之前，英国作为欧盟成员，与欧元联系密切；在脱欧后，短期英镑与欧元之间的联系仍然比较密切。脱欧事件对英镑汇率的影响一方面来自市场对该事件的消化情况，另一方面来自于为应对退欧对经济造成的负面影响而采取的政府干预。欧元汇率的走势将仍然受到英镑汇率走势的影响以及脱欧对欧元区经济造成的影响。

图 3-32　欧元兑美元 4 小时图——脱欧后的汇率走势

图 3-33　英镑兑美元 4 小时图——脱欧后的汇率走势

2. 欧元区经济情况

在经济增长和通胀方面，2016 年 7 月 8 日，IMF 预计欧元区今年的经济增长率为 1.6%，而在脱欧之前的预期为 1.7%。对于明年的经济预期也从原来的 1.7%下降至 1.4%。IMF 表示，英国脱欧的效应将会一直持续到 2018 年。届时欧元区的 GDP 将会是 1.6%，而非 1.7%。全球增长进一步放缓可能阻碍欧元区以内需主导的经济复苏。英国脱欧的影响进一步扩散、难民急增、安全忧虑加剧和银行业疲弱等因素可能拖累经济成长。同时，欧元区本身还面临失业率高企的情况。2016 年的通胀将会是极低的 0.2%，低于公投前所预计的 0.3%。IMF 对 2017 年通胀的预计也从 1.2%下降至 1.1%。长期的经济和通胀增速低迷，也令欧元区经济更易受到冲击，而面对冲击，政策的缓冲显得非常乏力。

在财政和债务方面，公共和私人债务居高不下。经济增速加快和利率低（2016 年 3 月开始，利率从 0.05%下调到目前的 0%）带来的收益，并不足以弥补赤字和债务。欧盟委员会试图使欧元区所有国家遵守预算债务规则，即债务量不高于年 GDP 的 3%。这一规定是出于对各成员国的“反欧盟”思潮的警惕，且会对那些刚经历过财政危机，目前正处在复苏模式的国家造成经济压力。

德国 7 月 8 日公布的数据显示，德国 5 月季调前贸易账为 210 亿，预期为 235 亿，前值由 256 亿修正为 257 亿。德国 5 月季调后进口环比为 0.1%，预期为 0.7%，前值由

-0.2%修正为-0.3%。

在政策方面，无论是应对脱欧的负面影响，还是面临区内长期的低通胀，欧央行公布但还未实施的宽松措施需要一定的时间才能完全体现出效果，特别是欧央行购买企业债以及释放新一轮的低息贷款。

3. 美联储加息的市场预期

2015年12月，美联储9年多来首次加息，基准利率上调为0.25%~0.50%，开启了美联储的加息周期。随后市场对美联储加息进行各种预期，美联储的高官也发布了一系列的言论。截止到6月，美联储已连续四次会议按兵不动。北京时间6月16日凌晨的美联储宣布，维持基准利率0.25%~0.50%不变。2016年美联储议息会议有四次，分别在7月26~27日、9月20~21日、11月1~2日、12月13~14日。市场预期7月可能成为加息点。考虑到美国大选，9月和11月或不加息，如果美联储年内要加息，那么7月和12月最有可能加息。但美联储加息仍然要根据美国的经济情况，即每月公布的经济数据。美联储加息一方面意味着美国经济上行趋势明显，另一方面从利息高币值升值的原理来看，都会给美元带来利好。加息的预期同样会使美元升值，但市场预期加息推迟或美联储议息会议公布维持利息不变，都不利于美元升值。与加息相关的重要官员讲话，是除了经济数据以外非常重要的引导市场预期的因素。比如2016年6月24日，美国达拉斯联储主席柯普朗表示，最终升息的一个理由是资产价格被扭曲，美联储将密切关注，在做政策决定时我们绝对会考虑到美元因素。如果未来两三个月经济表现强劲，美联储可能转而发出更乐观的信息。美联储高官讲话大多都表明要在美国经济强劲的前提下再次加息。因此，美国经济数据情况是决定加息的主要因素。

4. 美国经济情况

从美国6月和7月公布的经济数据来看，美国经济上行的趋势并不强劲，其中非农就业人数和失业率数据向好但不稳定（见表3-2）。因此，7月加息的市场预期并不高，美元的升值趋势将有所减弱。

表 3-2 美国经济数据

公布时间	经济指标	实际值	预期值	前值	重要性
2016. 7. 8. 20:30	非农就业人数变化	28. 7	18. 0	3. 8	五星
2016. 7. 8. 20:30	失业率	4. 9	4. 8	4. 7	五星
2016. 7. 8. 20:30	平均时薪月率	0. 1	0. 2	0. 2	五星
2016. 7. 8. 20:30	平均每周工时	34. 4	34. 4	34. 4	五星
2016. 7. 6. 21:45	ISM 非制造业采购经理人指数	53. 6	53. 3	52. 9	三星
2016. 7. 5. 22:00	耐用品订单月率	-2. 3		-2. 2	四星
2016. 7. 1. 22:00	ISM 制造业采购经理人指数	52. 3	51	51. 3	五星
2016. 7. 1. 22:00	制造业采购经理人指数终值	51. 3	51. 2	51. 4	五星
2016. 6. 29. 20:00	核心个人消费支出物价指数月率	0. 2	0. 1	0. 2	五星
2016. 6. 28. 20:30	第一季度 GDP 平减指数年率修正值	0. 4	0. 6	0. 6	四星
2016. 6. 23. 21:45	制造业采购经理人指数初值	51. 4	50. 9	50. 7	五星
2016. 6. 16. 20:30	核心消费者物价指数年率	2. 2	2. 2	2. 1	五星
2016. 6. 15. 20:30	生产者物价指数月率	0. 4	0. 3	0. 2	五星
2016. 6. 3. 20:30	非农就业人数变化	3. 8	16. 0	16. 0	五星
2016. 6. 3. 20:30	失业率	4. 7	4. 9	5. 0	五星
2016. 6. 3. 20:30	贸易账	-374	-410	-404	五星

从图 3-34 可以看出，6 月 3 日公布的非农就业人数变动和失业率的数据低于预期值，给美元造成较大的压力。欧元兑美元汇率出现大幅上升，日波幅接近 200 点。6 月 16 日，美联储决议维持原来利率不变，再次推迟加息。这与英国脱欧公投前后不加息的市场预期一致。但美国经济数据生产者物价指数和消费者物价指数优于预期值。因此，下跌趋势持续，出现相较于之前更大的下跌。7 月 8 日，尽管非农数据明显优于预期值，失业率和平均时薪月率都比较不利于美元升值，但是受到欧元疲软的影响，欧元兑美元汇率小幅下跌。

图 3-34　美国经济数据以及美联储加息对欧元兑美元汇率走势影响

（三）欧元兑美元汇率预测

综合分析美元和欧元的经济情况及其重要的市场焦点，欧元受到脱欧的影响较大，短期内有明显的贬值趋势。同时，欧元区内经济复苏缓慢，政策效果微弱，长期欧元走势相对也较弱。尽管美元受到加息推迟的预期影响，但是其大部分经济数据显示，美国经济发展趋势向好，美元升值的推力明显，因此欧元兑美元汇率暂时会持续下降。由于美元的升值趋势也并不强劲，因此汇率下降的速度会比较慢（受到 7 月美联储加息决议公布等因素的影响可能会有所回调，出现弱势整理），具体的下降幅度受到美元经济数据好坏的影响。而待欧元区宽松的货币政策发生效力，市场逐渐消化脱欧的负面影响以后，这种下降趋势会有所减弱。

（四）MT4 软件下单

根据基本面分析，可以认为欧元兑美元汇率会继续下降。因此于市价卖出 1 手欧元兑美元的标准合约，成交价为 1. 104 2，如图 3-35 所示。同时，要关注美联储的加息决议可能引起汇率走势回调。

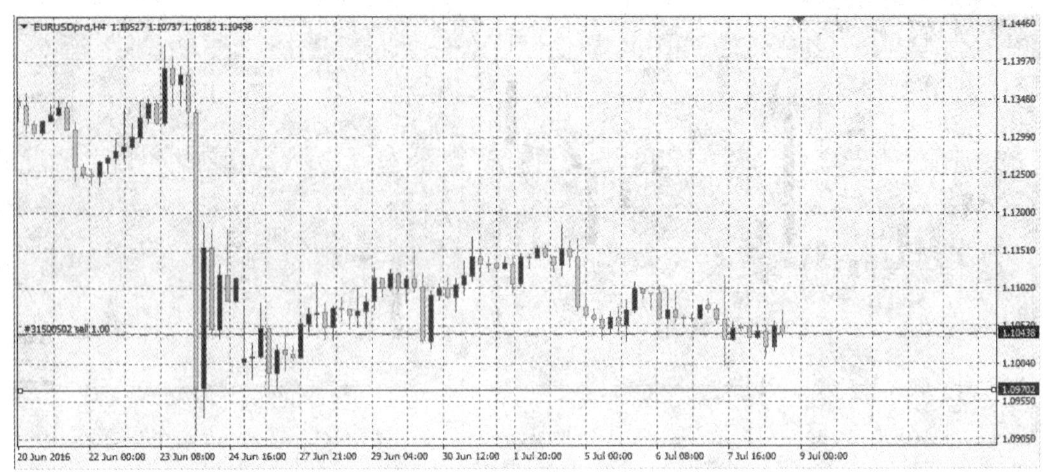

图 3-35 下单卖出欧元

四、实训任务

选择一个货币对，根据该货币的特性和重要指标判断影响货币汇率的重要因素，尤其是对重要事件的把握。然后收集相关信息和数据，利用其影响机制对货币汇率走势进行判断，形成自己的汇评报告（对货币对汇率走势进行长期和短期的预测），并进行模拟交易。

（1）选择要分析的货币对。

（2）分析该货币对的货币特征。

（3）找到并关注市场焦点。

（4）收集和分析的经济数据要形成以下表格形式，如表 3-3 所示：

表 3-3 经济指标情况

经济指标名称	实际值	预期值	前值	公布时间	重要性
失业率					
GDP					
…					

（5）分析经济事件。

（6）通过以上基本面分析对货币对汇率进行预测，并形成汇评报告。

（7）下单交易，确定具体的交易数量、交易方法、是否止损。

五、参考网址

参考网址如表 3-4 所示：

表 3-4　　参考网址

名称	网址
FX168	http://www2.fx168.com/
汇博资讯	http://www.hope888.net/html/data/index.html/
和讯网财经日历	http://forex.hexun.com/
外汇通	http://www.forex.com.cn/html/
美联储	www.federalreserve.gov
欧洲中央银行	www.ecb.int
英格兰银行	www.bankofengland.co.uk
日本中央银行	www.boj.or.jp
俄罗斯联邦中央银行	www.cbr.ru

实训三 个人外汇交易技术分析

技术分析的理论基础是道氏理论，是指根据汇率走势的过去表现来预测汇率的走势。这种方法建立在一定的假设条件之上。主要市场行为包括3个方面，即：价格的高低和变化；成交量的变化；完成这些变化所经过的时间。技术分析的核心要素是“势、位、态”，即分析汇价走势、汇价形态、交易位置。相对基本面分析，技术分析可以帮助确定出市与入市的汇率。

一、实训目的和要求

1. 掌握技术分析的含义、假设及三大要素
2. 了解技术分析和基本面分析在应用上的不同
3. 了解技术分析的理论，熟悉主要应用的技术分析理论
4. 掌握技术分析工具，熟悉主要的技术分析工具
5. 会简单熟练地应用技术分析对汇率进行预测

二、实训原理

（一）技术分析的含义、假设及三大要素

1. 技术分析的含义

技术分析是指通过汇率走势的过去表现来预测汇率的走势。它以预测市场价格变化的未来为目的，以市场行为的图形、图表、形态和指标为手段，使用数学、统计学、价格学等理论对市场行为进行分析研究。

2. 技术分析的假设

第一，市场行为包容消化一切。能够影响外汇价格的因素包括基础的、政治的、心理的或任何其他方面的因素。实际上，它们都反映在其价格中。市场行为会引起市场供求发生变化，而价格变化必定反映供求关系。

第二，价格沿趋势变动。市场一旦形成趋势，下一步常常是顺着现存趋势的方向继续演变，因此外汇交易当中应顺势而为。

第三，历史会重演。既是自然法则作用的结果，也是价格与时间平衡的结果。人们会根据汇价的历史变化判断现在的走势，但并不是说过去的走势会在现在完全重复上演，而是指现在可能阶段性地出现相似的走势。

3. 技术分析三大要素

技术分析的三大要素包括：价格的高低和变化；成交量的变化；完成这些变化所经过的时间。技术分析可以简单地归结为对价、量、时间三者关系的分析。价量关系是基本要素，市场价格可以解释和反映大部分的行为。收盘价是最重要的价格，而成交量则是确定价格走势的重要保证。某一时点上的价和量是交易双方市场行为形成的结果，是双方力量对比暂时的均衡点。一般来说，买卖双方对价格的认同程度是通过成交量加以确认的。认同程度大，成交量大；反之，成交量小。双方的这种认同程度反映在价量关系上就形成价升量增、价跌量减的规律性变化。时间既可消耗能量，又可积蓄能量。随着时间的推移，双方的力量对比会发生变化，汇价的运动趋势也会改变。价格、成交量、时间是技术分析的三维变量，缺一不可。一切技术分析方法都是以价、量、时间为研究对象的。

（二）技术分析的主要理论

1. 道氏理论

道氏理论是所有金融投资市场技术研究的鼻祖。道氏理论认为证券市场虽然千变万化，但是和经济发展一样都存在着周期性的变化规律，使得证券价格的变化形成一定的趋势，且这一趋势可以从价格变动中被识别出来。

道氏理论的基本原则是：

（1）平均价格包容、消化一切因素。市场所有交易行为及其动向，不论是眼前发生的，还是很久以前发生的都被市场通过价格变化消化并吸收掉。

（2）市场具有三种趋势，分别是主要趋势、次要趋势和短暂趋势。主要趋势又称为基本趋势或长期趋势，是最重要的，通常持续 1 年以上，有时甚至几年；次要趋势又称为中期趋势，代表主要趋势中的调整，通常持续 3 周到 3 个月，其调整幅度为先前趋势整个进程的三分之一到三分之二的位置；短暂趋势又称为日常波动或小趋势，通常持续不到 3 周，代表次要趋势中的调整。

（3）主要趋势可分为三个阶段。道氏最关心的是主要趋势。它通常包括三个阶段，即积累阶段、大众参与阶段以及派发阶段。第一阶段称为积累阶段。以熊市末尾、牛市开端为例，所有经济方面的所谓坏消息已经被市场最终包容、消化，于是那些最机敏的投资者开始精明地逐步买进。第二阶段称为大众参与阶段，绝大多数技术性地顺应趋势的投资人开始跟进买入，从而使价格快步上扬。第三阶段称为派发阶段，报纸上好消息连篇累牍，经济新闻捷报频传，大众投资者积极跟风，买卖活跃，投机性交易量日益增长。在这个最后阶段，从市面上看起来谁也不想卖出，但是那些当初在熊市底部“积累”、步步吃进的精明人，开始派发，逐步抛出平仓。

（4）交易量必须验证趋势。交易量分析作为验证价格图表信号的旁证具有重要价值。当价格在顺着大趋势发展的时候，交易量也应该相应递增。

（5）唯有发生了确凿无疑的反转信号之后，我们才能判断一个既定趋势已经终结。

2. 波浪理论

波浪理论又叫艾略特波浪理论。以道氏理论为基础，波浪理论认为外汇市场应该遵循一定的周期，价格的变动呈波浪式的周而复始的向前发展。这些波浪具有相当程度的规律性，展现出周期循环的特点。任何波动均有迹可循。波浪理论主要包括三个重要方面，分别是形态、比例和时间，其中形态最重要。波浪理论认为价格变动的循环是由 8 次波浪构成的，其中有 5 次上升浪和 3 次调整浪，即“八浪循环”（见图 3-36）。时间的长短不会改变波浪的形态。波浪可以拉长，也可以缩短，但基本形态保持不变。

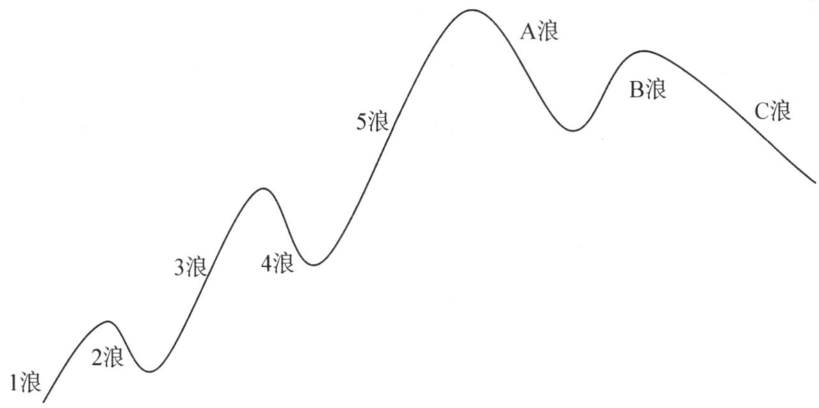

图 3-36　8 浪结构

在 8 浪中，1~5 浪为上升波浪，其中 1、3、5 浪为推动浪，2、4 浪为上升浪中的调整浪。每个波浪又可分成数个中波浪，每个中波浪又分成许多小波浪。一个完整的市场循环一共可细分为 144 个小波浪。①以牛市为例，第 1 浪通常出现在长期下跌盘整的末期。虽然成交量和价格均稍有增长，但是缺乏买气，投资者尚未能认识市场的变化，其后的第 2 浪调整幅度往往很大，第 1 浪的涨幅一般是五浪中涨幅最小的。②第 2 浪调整幅度一般相当大，甚至将第 1 浪的涨幅全部擦去，具有较大的杀伤力。这主要是因为投资者常常误以为熊市还未结束，但波动幅度渐渐变窄，成交浪开始萎缩，反映出抛盘压力逐渐衰竭，出现传统图形中的反转形态。③第 3 浪通常是涨势最足、涨幅最大、持续时间最长、最具有爆发力的一浪。投资者信心大增，常出现跳空缺口和延长波浪。一些重要的阻力线被轻易地突破，特别是第 1 浪的高点被突破时是道氏理论中的重要买进信号。④第 4 浪的形态一般较为复杂，在第 3 浪强劲上升形成重要顶部的基础上，第 4 浪初步显露市场后继乏力的征兆，但第 4 浪的浪底不允许低于第 1 浪的浪顶。⑤第 5 浪常常是最长的浪，涨幅通常不及第 3 浪，涨幅趋缓。投资者往往还会盲目乐观，追捧高价，但最终都大失所望。⑥第 A 浪，大多数投资者认为 A 浪仅是上升行情的暂时回档，而没有认识到行情已经逆转，因此还会逢低吸纳，但实际上很多技术指标已显示背离状况。⑦第 B 浪的上升常常会作为多方的单相思，升势较为情绪化，实际上是一个“多头陷阱”，应该是多翻空的好时机。中级型或更次级的 B 浪中往往出现成交量减少，而基本级或更高级的 B 浪中则可能伴随成交量放大甚至超过前面牛市的成交量，且实际上可以从技术指标中发现市场转弱的种种征兆。⑧第 C 浪是跌势凶险、跌幅深、时间持久的一浪。投资者意识到多头行情已经结束。

波浪理论的应用技巧：①波浪的组成，一次完成的波浪必定是由5个次一级的波浪组成的，而调整浪必定是由3个次一级的波浪组成的。②波浪的延长。在波浪理论中，如果推动浪中某一个浪的幅度和持续时间比其他浪延伸了许多，那么将其称为延伸浪。如果出现了延伸浪，这说明行情在某一个方向的力度会加强，投资者可根据相应的幅度做出多空操作。要注意的是，在5浪模式中，如果1、3、5浪的其中一个浪出现了延伸浪，那么另外两个浪的幅度就很难再出现延伸。③波浪与新闻消息。市场的变化与新闻消息是没有直接联系的。一般来说，市场放出利空、利多消息时，波浪已经形成，而一旦波浪形成，任何消息都很难转变其走势。

斐波纳奇数列是波浪理论的基础。斐波纳奇的回撤比例可以用来确定价格目标。最常用的回撤比例是62%、50%和38%。最常用的比例确定价格的方法有：①三个主浪中只有一个浪延长，另外两者的时间和幅度相等；②把1浪乘以1.618，然后加到2浪的底点上，可以得出3浪起码目标；③把1浪乘以3.236，然后分别加到1浪的顶点和底点上，大致就是5浪的最大和最小目标；④如果1浪和3浪大致相等，预期5浪延长，那么其价格目标的估算方法是，先量出从1浪底点到3浪顶点的距离，再乘以1.618，最后把结果加到4浪的底点；⑤在调整浪中，如果它是通常的5-3-5锯形调整，那么C浪常常与A浪长度相等；⑥C浪长度的另一种估算方法是，把A浪的长度乘以0.618，然后从A浪的底点减去所得的积；⑦在3-3-5平台形调整的情况下，B浪可能达到乃至超过A浪的顶点，那么，C浪长度约等于A浪长度的1.618倍；⑧在对称三角形中，每个后续浪都约等于前一浪的0.618倍。

（三）K线分析

价格分析图表有三种类型，包括柱状图、蜡烛图和点线图。柱状图是反映价格行为的一种最基本的图表。每一根柱代表一段时间——最短为1分钟，最长为数年。随着时间的推移，柱状图反映出不同的价格形态。蜡烛图即K线图。不同于简单的柱状图，蜡烛图的每一根烛线代表了一段时间的最高价、最低价、开盘价及收盘价。蜡烛图提供给我们更强的视觉信息。点线图类似柱状图，不同的是用多个X及O来标示价格走势的变化。点线图与时间无关，只强调价格变化。

在技术分析当中，最常使用的是 K 线图。将每个交易日汇率的开盘价、收盘价、最高价、最低价的所有变动情况全部记录下来，然后绘成像蜡烛的图形，故 K 线图也称蜡烛图形。K 线的结构分为实体、上影线和下影线三部分。K 线有阳线和阴线之分。K 线分析主要通过这三个部分以及阴阳线来判断多空双方的较量结果。

（1）分析实体的长短。阳线的实体越长，表明买方的力量越强；阴线的实体越长，表明买方力量越强。在两根或三根 K 线组合在一起时，如果同时阳线，且后面的阳线实体一根比一根长，表明买方占绝对优势，汇价涨势还将增强；如果后面的阳线渐次缩短，表明买气开始减弱，涨幅有限。如果同时阴线则相反。

（2）分析上影线和下影线的长短。上影线长，说明买方将汇价推高后遇卖方打压。上影线越长，表明空方阻力越大。下影线长，说明买方在低价位有强力支撑。下影线越长，表明支撑力越强。

（3）分析两根、三根 K 线的相互关系。如果紧连的两根或三根 K 线，分别为阳线或阴线，那么要注意分析它们之间的关系，着重比较收盘价的相对关系。

（4）分析 K 线是否组成某一形态。在进行多根 K 线组合分析时，要注意是否已组成某一反转或盘整形态。若已组成形态，则应按形态特点分析，而不必拘泥于 K 线的关系，特别是要注意突破形态的 K 线。

（5）分析 K 线在一个较大行情中的位置。分析 K 线也要看全局，特别是注意高价区位和低价区位中出现的大阳线、大阴线和十字转机线，要将它们放在整个行情走势中来分析判断。

（四）趋势分析

技术分析方法当中，趋势的概念绝对是核心内容。趋势分析是最普遍的分析技术。趋势就是市场何去何从的方向。趋势就是汇价的波动方向，由明显的峰和谷组成。除了通常的三种类型即主要趋势、次要趋势和短暂趋势以外，根据趋势的方向不同可分为上升趋势、下降趋势、横向延伸趋势。在分析趋势时，通常通过绘制趋势线来进行分析。

1. 趋势线

趋势线是最简便、最有价值的基本技术工具之一。上升趋势表现为各次级波动的低点一点高过一点，将各个低点相连，形成上升趋势线；下降趋势表现为各次级波动的高点一点低过一点，将各个高点相连，形成下降趋势线。但要探索合适的趋势线，首先必须确有依据说明趋势存在。比如，画一条上升趋势线至少需要两个有效的向上的低点，并且后者要高于前者。也就是说，要找出最先出现或最有意义的两点是画好趋势线的关键。

趋势线的有效性：①趋势线被触及的次数越多。趋势线越可靠，趋势线的支撑和阻力效用越强，一旦被突破后市场反应也越强烈。②趋势线的斜率越大，可靠性越低，阻力作用和支撑作用也越弱，以后很容易被突破或修正。③趋势线跨越的时间越长，可靠性越高，支撑或阻力效力越大。④低于 30 度的趋势线意味着价格上涨的力度不够，过于陡峭的趋势线一般不能持久，45 度趋势线是非常可靠的上升趋势继续维持的信号。

趋势线有效突破的确认：①收盘价突破。②连续两天以上的突破。③连续两天创新价的突破。④长期趋势线突破。⑤成交量配合的突破。⑥趋势线与形态同时突破。

2. 支撑和阻力

支撑和阻力是外汇交易适用最广泛的分析技术。支撑是指汇价走势形成的趋势中的波谷，也是汇价下行的低点，能止住回档。阻力是指汇价走势形成的趋势中的波峰，也是汇价上冲的高点，会止住反弹。在上升趋势中，阻力水平意味着上升势头将在此处稍息，但此后它迟早会向上穿越。而在下降趋势中，支撑水平也不足以长久地支撑市场的下滑，不过至少能使之短暂受挫。

支撑线与阻力线的突破是有效突破。有效的趋势线具有较强的支撑和阻力作用。支撑线和阻力线可以互换，互换是形成反转的信号。支撑线和阻力线的突破是观察中期趋势、长期趋势的重要信号。

3. 通道线

通道线是在趋势线的反方向画一条与趋势线平行的直线，而汇价则在趋势线和通道线中间运行，有明显的管道或通道形状。通道的主要作用是限制价格的变动范围，让它不能变得太离谱。通道一旦得到确认，那么价格将在这个通道里变动。如果通道线一旦被价格有效突破，那么趋势上升或下降的速度会加快，会出现新的价格高点或低点，原有的趋势线就会失去作用。通道线被突破有别于趋势线被突破，不会发生价格反抽现象。通道线没有支撑或阻力的作用。

4. 百分比回撤

在每场重大的市场运动之后，价格总会回撤其中的一部分，然后再按照既有趋势的方向继续发展。这类与趋势方向相反的价格变化，往往恰好占先前动作的一定百分比。从道氏理论衍生有50%、33%、60%三种回撤。根据艾略特理论和斐波纳奇比数，引入38%和62%两种回撤百分比。黄金分割线、斐波纳奇回调线等都是外汇市场技术分析中重要的回撤线。交易者经常使用斐波纳奇回调水平作为支撑和阻力水平，如此多的交易者在这些位置附近设置买卖进场订单和止损订单。这些支撑和阻力水平变成了一个自我实现的预期。斐波纳奇回调线的画法首先要确认波段高点和波段低点，连接一个上升趋势中显著的波段低点和最近的波点高点，形成重要的支撑位（买进信号）；在下降趋势中，连接明显的高点和最近的最低点，形成重要的阻力位（卖出信号）。

（五）形态分析

形态分析是一种重要的技术分析方法。某种形态的出现和突破对预测汇率变动的方向和幅度有重要的技术分析意义。

1. 反转形态

常见的反转形态有双顶、双底、头肩顶、头肩底等。反转形态意味着价格运行方向将会改变，趋势正在发生重要反转，由原来的上升趋势转换为下降趋势，或由原来的下降趋势转换为上升趋势。反转形态的特征：①事先存在趋势的必要性，是所有反转形态存在的先决条件。②重要趋势线的突破。趋势即将反转时，经常以突破重要的趋势线为前兆，但并不是说趋势线被突破就一定会反转。③形态的规模越大，也就是价格形态的高度越高和形成的时间越长，形态越重要，随之而来的价格运动的余地就越大。④顶和底有差别。“顶”的持续时间短但波动性强，底部形态通常具有较小的价格波幅，但耗费的时间较长。⑤成交量在验证向上突破信号时更重要。任何形态在完成时都伴随着成交量的显著增加。在顶部反转中，成交量不是关键，但在底部反转过程中，伴随成交量的显著增长，形态的可靠性也加强了。

2. 整理形态

整理形态也叫做持续形态，常见的整理形态有三角形、矩形、旗形等。整理形态是指市场的趋势在目前的形态变化过程中不会发生变化，原来的趋势和方向仍将得以延续，而目前可能只是一个修正过程，对之前的超买超卖可通过整理形态得以适当修正。市场经过一段趋势运动后，积累了大量的获利筹码。随着获利盘纷纷套现，价格出现回落，但同时对后市继续看好的投资者大量入场，对市场价格构成支撑。因而，价格在高价区小幅震荡，市场采用横向运动的方式消化获利筹码，重新集聚能量，又恢复原来的趋势。与反转形态相比，整理形态形成的时间较短。可能是市场惯性的作用，保持原有趋势比扭转趋势更容易。整理形态形成的过程中，价格震荡幅度应当逐步收敛，成交量也应逐步萎缩。最后在价格顺着原趋势方向突破时，较大的成交量出现。整理形态的完成过程往往不会超过 3 个月，而且多数出现在日 K 线图上。周 K 线图上很少出现，月 K 线图几乎没有出现过。

（六）均线分析

移动均线（MA），是指连接这些在某个连续时间段内某种外汇汇价的平均数值的曲线。移动平均线平滑了价格运动。移动均线有简单移动平均线（SMA）、线性加权移动平均线（LMA）、指数加权移动平均线（EMA）。默认的是简单移动平均线。一般使用一条较长时期的 SMA 来洞察整体趋势，然后用一条较短的 EMA 来找出具体进场的好时机或者根据自己的习惯来选择。

1. 移动平均线的特点

①追踪趋势和稳定性：趋势不轻易改变。②滞后性：MA 的行动过于迟缓，掉头速度落后于大趋势。③助涨助跌性：当汇价突破了 MA 时，无论是向上突破还是向下突破，汇价都有继续向突破方向再走一程的愿望。④支撑线和压力线的特征。⑤参数选择得越大，特性就越明显。

2. 均线周期及其作用

（1）短期移动平均线：一般以 5 天或 10 天为计算周期，代表一周或半月的平均价，可作为短线进出的依据，即：只要价格不破这根线，短线交易者就可以继续持有。

（2）中期移动平均线：大多以 20 天或 60 天为准，代表一个月或一个季度的平均价，可作为中线交易的依据，即：只要价格不破这根线，中线交易者就可以继续持有。20 日均线，可作为中期投资的决策依据；30 日均线，主要用于短期线组合分析，判断走势是否反弹或反转；50 日均线揭示中长期汇价波动规律，能弥补短期线的偶然性和欺骗性，也能弥补长期线的迟钝性。

（3）长期移动平均线：多数以 200 天为标准，这也是美国投资专家葛兰碧提出的观点。一般来说，200 日均线是牛市和熊市的分水岭，是长线投资者是否进出的主要依据，具有重要的战略意义。对于长线交易者而言，只有当汇价长期站在 200 日均线之上时，才是他们作多的时期；而一旦趋势明显地站在 200 日均线之下时，则是他们积极作空的时候。

此外，移动平均线还可以分为分钟均线、日均线、周均线、月均线、年均线等。对于短时间周期里的均线，其作用不是很明显；而对于长时间周期里的均线，其作用比较明显，且有律可循。不论是短期均线、中期均线还是长期均线，其本质上都是在反映市场价格在不同周期里的平均成本。应用平均线时有一个时间周期的选择问题。若是短线投资者，一般选用 5 天、10 天、20 天的移动平均线，中线投资者则选用 40 天、60 天、90 天的天移动平均线，长期投资者则选用 120 天、180 天、200 天的移动平均线。但为了避免移动平均线的局限性，同时更有效地掌握买卖时机，一般将不同期间的平均线予以组合运用。目前市场上常用的平均线组合有“5、10、30、60、200 日平均线”等组合，也可以使用交易系统默认的均线组合。

3. 单一移动平均线运用

美国投资专家葛兰维先生对价位与移动平均线之间的关系进行了细致的分析，归纳成八条法则。

第一，四个买进信号。

（1）移动平均线从下降逐渐转为水平或上升，价格从移动平均线的下方突破移动平均线，交错向上。这是买进信号。这里尤其要注意的是，移动平均线一定要出现有向上抬头的迹象。这说明整个市场开始逐渐进入上涨的市场，此时买入信号才是比较确切的。

（2）移动平均线在稳步上升，价格跌至移动平均线之下，又立刻回升到移动平均线的上方。这仍为买进信号，因为移动平均仍然持续上升，表明市场仍处于涨势之中。

（3）价格曲线在移动平均线之上，汇价下跌，但在移动平均线附近的上方遇到支撑，没有跌破移动平均线而是反转上升。这为买入的信号。

（4）价格突然暴跌，跌破了移动平均线，而且继续很快下行，在图形上，汇价曲线陡峭下行，远离了移动平均线，则有反弹上升回复到移动平均线附近的趋势。这是买入的信号。

第二，四个卖出信号。

（1）移动平均线从上升趋势逐渐转为水平线或开始有低头向下的迹象，而价格从移动平均线的上方跌破移动平均线时，表明卖压渐重，此为卖出信号。

（2）移动平均线缓缓下降，价格在移动平均线下，突然上涨，突破了移动平均线，又跌回到移动平均线之下，而移动平均线继续下跌，此为卖出信号，行情将会继续下跌。

（3）移动平均线缓缓下降，价格曲线在移动平均线下行走，回升至移动平均线附近，受到卖压阻力，未能超越移动平均线，又继续下跌，此为卖出信号。

（4）移动平均线呈下降趋势，汇价突然暴涨，突破且远离了移动平均线，则有可能回档下跌。因为暴涨远离了移动平均线，说明近期内买入某种外汇者皆有利可图，随时会产生回吐的卖压，所以此为卖出信号。

在实际应用中，当移动平均线发出买卖信号时，汇价往往已经走出很大一段距离；当移动平均线走向平缓的时候，汇价曲线频繁穿越，无法得出正确信号；当移动平均线发生转向时，具体的时间很难准确把握。因此从严格意义上讲，移动平均线分析方法只能帮助我们判断市场的大致走向和转势的时机，对频繁短线炒作的交易者的指示作用不是很大。

4. 复合移动平均线运用

复合移动平均线是指画出不同天数的两条以上的移动平均线组合的图形。在实际分析中，更多的是利用多条移动平均线来进行分析判断，以克服上述单条移动平均线的缺陷，使产生买卖信号的准确性大大提高。通常的使用方式为：选择长期、中期、短期中不同周期的移动平均线。当出现较短时间周期的移动平均线时，显示有价格上涨需求。

（1）多根均线收敛：说明各类周期成本趋于一致，当各周期均线开始收敛时，要防止变盘。

（2）多根均线交叉：看短期对中期、中期对长期的均线是向上交叉还是向下交叉。向上交叉俗称“金叉”，趋势多半为上；向下交叉俗称“死叉”，趋势多半为下。三线交叉比两线交叉要滞后一些，但也更稳重、准确一些。在短期移动平均线、中期移动平均线、长期移动平均线的复合图形中，较短时间周期的平均线以较大倾斜角度向上穿越较长时间周期平均线时发出强烈的买盘信号（金叉）；当汇价由下向上以较大角度穿越移动平均线时也发出买盘信号。在短期移动平均线、中期移动平均线、长期移动平均线的复合图形中，较短时间周期的平均线以较大倾斜角度向下穿越较长时间周期平均线时发出强烈的卖盘信号（死叉）；当汇价由上向下以较大角度穿越移动平均线时也发出卖盘信号。

（3）多根均线发散：均线收敛过后通常会发散前进，都向上则呈多头排列，都向下则呈空头排列。

（4）多根均线平行：均线平行往往不是很标准，多数呈发散状态。各周期均线平行时间越长，则变盘的可能性越大，变盘后的反向运动就越深。

（七）ForexMT4 软件中的技术指标

1. 趋势指标

（1）ADX 平均趋向指数（Average Directional Movement Index 或 Average Directional Index）。

国外投资者经常使用 ADX 指标，国内投资者反而用得比较少。不过，在编写交易系统时，经常用到 ADX 或者 ATR 指标判断盘整、振荡和单边趋势。ADX 线代表力量的强弱，+DI 和-DI 谁占优势并随着力量一起上扬，那么就代表走势向哪个方向发展。

ADX 是用数值 0~100 来表示其走势的。它的走势值很少有超过 60 的。如果超过 40 就表示一个很强的趋势，如果低于 20 则是一个很弱的趋势。当 ADX 指标数值从 20 以下上升到 20 以上时，趋势就开始发展；从 40 以上降到 40 以下时，趋势就会结束。ADX 指标是由+DI、+DI 和一条 ADX 趋势线组成的。建议当+DI 指标高于-DI 指标时买入，在+DI 指标下沉到低于-DI 指标时卖出。

ADX 平均趋向指数的一般应用方法：

①ADX 指数反映趋向变动的程度，而不是方向的本身。

②进场与出场时，采用+DI14 与-DI14 的穿越信号。

③当极端点交易法则生效时，法则 2 将有例外。当 DI 发生穿越信号时，取当天的极端点作为止损点。换言之，多头头寸取当天的低价为止损点，空头头寸取当天的高价。在随后的几天内，如果止损点未被触及，即使 DI 再发生穿越信号也不需理会。

④ADX 的位置高于两条 DI 且方向发生改变，是趋势反转的早期信号，可以做部分的获利了结。最后的平仓信号是由 DI 穿越或极端点的止损而引发的。当 ADX 改变方向时，如果+DI14 高于-DI14，代表变动趋势是由上向下的，反之亦然。

⑤如果 ADX 高于两条 DI，而且读数明显偏高，代表既有的趋势已经持续一段时间。这并不是建立新头寸的理想时机，因场信号很可能反复。换言之，ADX 的读数偏高，相当于是超买/超卖，顺势的新交易头寸通常很难获利。

⑥如果 ADX 同时低于两条 DI，避免采用顺势交易的系统，因为市场中没有明显的趋势。

⑦如果 ADX 的读数低于 20~25，不论它与两条 DI 的相对位置如何，都应避免采用顺势交易的系统，因为市场中没有明显的趋势。

（2）布林线或布林带（Bollinger Bands，BOLL）。

在一条移动平均线的两侧构建两个交易带。布林带是指向下和向上偏移两个标准差。布林带的上、下宽度标志着市场波动性。通常采用 20 日移动平均线。标准差表示过去 20 日价格围绕移动平均值分布的偏离程度。把移动平均线分别向上和向下偏移两个标准差，可以确保95%的价格资料分布在这两条交易线之间。一般说来，当价格向上触及上方的交易线后，则认为市场向上过度延伸了（超买状态）；当价格向下触及下方的交易线后，则认为市场向下过度延伸了（超卖状态）。

布林带最简单的用法是分别以上、下交易线作为价格目标。如果价格从下方交易线上触底反弹，并向上穿越了20日移动平均线，那么上方的交易线就成为本轮行情的价格目标。反之，当价格向下穿越20日移动平均线后，可能以下方的交易线作为价格目标。在强劲的上升趋势中，通常价格只在上方交易线和20日移动平均线之间波动。在这种情况下，当价格向下穿越20日移动平均线时，构成了趋势向下反转的警告信号。

布林带的宽度随着20日的市场波动率而不断地扩大或缩小。在价格波动率上升期间，布林带的宽度将扩大；反过来，当市场波动率处于低潮期，布林带宽度将缩小。布林带倾向于形成扩张与收缩的相互交替。当布林带的两条交易线不同寻常地相互远离时，表示当前趋势也许即将终结。当布林带的两条交易线收缩得过窄时，表示市场可能即将发动新的趋势。布林带也可以应用于周线图或月线图。对应于日线图的20日移动平均线，分别采用20周移动平均线和20月移动平均线。如果把布林带和超买/超卖摆动指标结合起来使用，那么效果最佳。

（3）包络线指标（Envelopes，Moving Average Envelope，Trading Bands）。

包络线指标，是基于一条移动平均线上下移动同一个百分比而形成两条线，把价格变动包含在此两条线之间并以此来判断以后的市场趋势的一个指标。包络线指标定义价格范围的上下边幅。当价格到达通道上端的边幅时，卖出信号就出现了；当价格达到通道下端的边幅时，买进的信号出现了。

包络线指标背后的逻辑就是过于热情的买家和卖家推动价格达到极端（上端通道或者是下端通道）。在这几点上，价格通过移动到一个相对现实的水平上而通常变得比较稳定。这就和保力加通道指标的解释颇为相似。由于包络线指标是利用过往的数据计算，因此它的反应比当前市场价格慢。包络线指标不能预测价格的未来发展，只能够确认价格方向的变动。

Envelopes的一般分析使用方法：

①当价格在上面的线附件徘徊一段时间后，突破上线上升时，此时应该是一个上升趋势，可以做多（买单）；当价格在下面的线附件徘徊一段时间后，突破下线下降时，此时应该是一个下降趋势，可以做空（卖单）。

②当价格接触到下线，又往上穿过移动平均线时就做多（买单）；当价格接触到上线，又往下穿过移动平均线时就做空（卖单）。

③在一个区间波动的走势，当价格高于上轨道时，可能会拉回；当价格跌落至下轨道之下时，可能会反弹。

④包络线指标也可用来研判市场是处于超买还是超卖的情况。当价格接近上轨道时，被视为进入超买状态；当价格接近下轨道时，被视为进入超卖状态。

⑤一般情况下，时间周期默认为14；偏差默认为0.1，该数值越大，上下轨线之间的距离就越大（可以通过调整偏差值来调整上下轨线之间的距离，找到合适的偏差值以判断包络线的意义）。

（4）云图指标（Ichimoku kinko hyo）。

它又叫一目均衡表指标。该指标是由笔名为Ichimoku Sanjin的日本记者在1930年代发明的。它是显示市场趋势、支撑和阻力位、买卖信号的一个指标。它一般多用于日图、周图等大周期上。若在短周期上交易，则效果没有大周期好。

它由五条不同颜色的线组成，分别是转折线、基准线、先行上线、先行下线和延迟线。转折线主要用来衡量短期的动力，一般的默认值（可以更改）为7~9。它一般和基准线结合起来预测将来的动力。转折线=（默认值周期内的最高的最高价-默认值周期内的最低的最低价）/2。基准线主要用来衡量中期的动力，一般的默认值（可以更改）为26。这是它和转折线的区别。它一般和转折线结合起来预测将来的动力。基准线=（默认值周期内的最高的最高价-默认值周期内的最低的最低价）/2。先行上线用来衡量动力和以后的支撑/阻力区。它和B线是一组的。A、B两条线之间所包围的区域称作云（kumo）。当A线在B线之下时，是一个下降趋势。当A线在B线之上时，是一个上升趋势。当A、B线交叉时，则有可能有逆转现象。A线=（T线-K线）/2。先行下线用来衡量动力和以后的支撑/阻力区。它和A线是一组的。A、B两条线之间所包围的区域称作云（kumo）。当B线在A线之上时，是一个下降趋势。当B线在A

线之下时，是一个上升趋势，当 A、B 线交叉时，则有可能有逆转现象。B 线=(默认值周期内的最高的最高价-默认值周期内的最低的最低价)/2，它的默认参数（可以更改的）一般是 52。延迟线是把现在的价格画在了 26 个时段之前的线图，其目的就是产生交易的信号。

Ichimoku 云图指标的一般分析使用方法：①Tenkan-sen 线上穿 Kijun-sen 线，价格在云之上时，Chinkou Span 线在收盘价之上，是很强的做多（买进）信号。②Tenkan-sen 线下穿 Kijun-sen 线，价格在云之下时，Chinkou Span 线在收盘价之下，是很强的做空（卖出）信号。③Tenkan-sen 线上穿 Kijun-sen 线，价格在云之中，是一般的做多（买进）信号。④Tenkan-sen 线下穿 Kijun-sen 线，价格在云之中，是一般的做空（卖出）信号。⑤Tenkan-sen 线上穿 Kijun-sen 线，价格在云之下，是较弱的做多（买进）信号。⑥Tenkan-sen 线上穿 Kijun-sen 线，价格在云之上，是较弱的做空（卖出）信号。另外，云图是出现在价格之前的，故它显示了可能的支撑/阻力区域。云图的分析使用方法为：如果说价格在云图的上面，那么云的上线为第一支撑位，下线为第二支撑位。如果说价格在云图的下面，那么云的下线为第一阻力位，上线为第二阻力位。如果说价格在云图之间，那么云的上线为阻力位，下线为支撑位。

（5）抛物线指标（SAR，Parabolic，SAR）。

抛物线指标（Parabolic SAR）又叫或停损转向操作点指标，是一种简单易学、比较准确的中短期技术分析工具。最好的用处是寻找止损点和最佳出场位。在价格图表上，该指标被表示为 K 线图或条形图的上方或下方的止损逆转线。

SAR 的计算式分为上升式与下降式，即：上升式 SAR(2)=SAR(1)+AF(H(1)-SAR(1))，下降式 SAR(2)=SAR(1)+AF(L(1)-SAR(1))。其中 SAR(1)为昨日 SAR 值，其上升式初始值取近期最低价，其下降式初始值取近期最高价，AF 为威尔特加速因子，基值为 0.02。当价格每创新高（上升式）或新低（下降式）时按 0.02（或 0.04 等）增加，直到 0.2 为止，即 AF∈(0.02，0.2)。从算式可见，当把 SAR(1)初始值取近期最低价，即视行情为上升时，必须满足当前最高价 H(1)>SAR(1)的条件。一旦 H(1)<SAR(1)，则下降式启用，并且行情持续下降时，必须满足当前最低价 L(1)<SAR(1)的条件。而加速因子的设置，反映了行情“起动→加速→减速→零→反

向起动……”的变化过程，也造成了抛物线的视觉效果。

SAR 指标（Parabolic SAR）的一般分析使用方法：①任何一天的收盘价高于或低于 SAR，则须执行空头或多头的停损交易。②任何一次停损交易，也视为趋势转变。交易者须改变立场，从事新趋势的交易。③收盘价> SAR，空头停损。收盘价< SAR，多头停损。④SAR 指标通常也可用来当做追踪止损点。在上升趋势中，把止损设在 SAR 指标值下方；在下降趋势中，把止损设在 SAR 指标值的上方。⑤SAR 在单边趋势中使用的效果最好，但 SAR 指标很容易在盘整趋势中制造假象，故交易者需要其他的指标配合来确定趋势。

（6）标准离差指标（Standard Deviation）。

标准离差指标（Standard Deviation）的目的是衡量价格的波动性（Volatility）的。该指标把标准差和平均值用来衡量、决定市场的波动性。它属于滞后指标。该指标是用一条曲线来表示其波动性的。如果标准差大，就说明价格波动性大；如果标准差小，就说明价格波动性小。标准差=SUM[(CLOSE-a)2,N]÷N 的值的平方根，其中 a=SMA(CLOSE,N)，N 为时间周期，一般默认为 20。

Standard Deviation（标准离差指标）的一般分析使用方法：①当标准差数值大时，表示市场的波动剧烈，可能以后的价格会相对平稳些。②当标准差数值小时，表示市场的波动小，趋势比价平稳，可能以后的价格波动会比较大。③该指标多和其他指标一起使用。当波动性大时，就可能是价格趋势的结束或开始；当波动性小时，说明市场趋势不大，不利于做单。我们在前面的布林线指标中上、下轨线的计算中就用到了标准差的计算。

2. 震荡指标

（1）真实波动幅度均值（Average True Range，ATR）/平均真实波动范围。

这一指标主要用来衡量汇率价格的波动。因此，这一技术指标并不能直接反映价格走向及其趋势稳定性，而只是表明价格波动的程度。一般来说，真实波动幅度均值（ATR）通常以 14 个时段为基础进行计算。这个时段可以是一天内的某个时间段，也可以是一天的日价，乃至周价和月价。在以下用于说明的范例中，我们使用日价作为基础。鉴于计算平均真实波幅总是需要一个开端，故第一天的 TR 以当天高低价之差为准，此后每天TR的选取遵循前文所述规则。于是，第一个ATR就是前14天每天的TR的简单算术平均。为了使得ATR的数值更加平滑，采用了移动平均的概念来使每一个新的ATR都包含前一个ATR的信息，其具体计算步骤如下：①将前14天的ATR乘以13。②将步骤一所得值加上新一天的TR。③将步骤二所得值除以14。④ATR=SUM(TR,N)÷N。⑤为了使ATR曲线比较平滑，ATR(t)=[ATR(t-1)×(N-1)+ATR(t)]÷N。

ATR/平均真实波动范围指标的使用方法：

①价格趋势的反转或开始。

极端的高ATR或低ATR值可以被看做价格趋势的反转或下一个趋势的开始。作为与布林通道类似的以价格波动性为基础的技术指标，真实波动幅度均值不能直接预测价格走向及其趋势稳定性，而只是表明交易活动的频繁性。较低的ATR（即较小的真实波幅）表示比较冷清的市场交易气氛，而高ATR（即较大的真实波幅）则表示比较旺盛的交易气氛。一段较长时间的低ATR很可能表明市场正在积蓄力量并逐渐开始下一个价格趋势（可能是之前趋势的延续，也可能是趋势的反转）；而一个非常高的ATR通常是由短时间内价格的大幅上涨或下跌造成的。通常此数值不可能长期维持在高水平。

②止损和止赢的设置。

交易者也可以使用ATR来设置自己交易的止损和止赢价位。由于ATR计算的是在某一个时间段内货币对的波动真实范围，因此可以把该范围作为计算止损和止赢的标准。

（2）牛力指标（Bulls Power）与熊力指标（Bears Power）。

Bulls Power（牛力指标）与Bears Power（熊力指标）是相对的。牛力指标是驱动市场价格上升的力量。熊力指标是驱动市场价格下降的力量。通常联合使用Bears Power和Bulls Power。

Bulls Power（牛力指标）与Bears Power（熊力指标）的一般分析使用方法：

①Bears Power为负数，同时逐渐增大，表示市场出现了买入信号。②Bears Power为负数，同时逐渐减小，表示市场出现了卖出信号。③Bears Power在零点之上（为正数）时，最好不要做单。④Bulls Power为正数，同时逐渐增大，表示市场出现了买入

信号。⑤Bulls Power 为正数，同时逐渐减小，表示市场出现了卖出信号。⑥Bulls Power 在零点之下（为负数）时，最好不要做单。

与 EMA 相结合的使用方法：①在 EMA 趋势上升，熊市在零点之下但趋势也在上升时，可以买入。②在 EMA 趋势上升，上一个牛市顶峰点比再上一个牛市顶峰点更高时，可以买入。③在 EMA 趋势上升，牛市与价格趋势背离后而熊市在上升时，可以买入。④在 EMA 趋势下降，牛市在零点之上但趋势也在下降时，可以卖出。⑤在 EMA 趋势下降，上一个牛市顶峰点比再上一个牛市顶峰点更低时，可以卖出。⑥在 EMA 趋势下降，熊市与价格趋势背离后而牛市在下降时，可以卖出。⑦当熊市或牛市在零点之上时，最好不要做单。

（3）顺势指标（Commodity Channel Index）。

顺势指标（Commodity Channel Index）简称 CCI，是由美国股市分析家唐纳德·蓝伯特（Donald Lambert）在 1980 年早期发明的，CCI 指标依据市场的波动有周期性的变化，其价格的高和低是连续周期性出现的，能够预测出现这些周期，就可以预测到趋势的开始和结束。CCI 指标是属于振荡指标（Oscillator）的一种。它的曲线是在零点线上下不断起伏变化的。它没有上下限制。

针对 CCI 指标，第一步要计算出 TP（典型价格）的值：TP＝（最高价+最低价+收盘价）÷3。第二步要算出 TP 的 SMA 值（简单移动平均值）：SMA(TP)＝SMA（TP,N），其中 N 为计算周期。第三步要算出 MD（Mean Deviation），也就是平均差的值：MD＝$\sum|TP-SMA(TP)|\div N$，其中∑代表为总和。第四步就可以算出 CCI 的值：CCI＝$(TP-SMA(TP))\div(0.015\times MD)$。

CCI 指标的作用主要是指示超买、超卖信息，最好在它逆转的时候进行交易。CCI 指标的具体分析方法如下：

①当 CCI 指标>100 时，就表示有超买的情形，当它向下穿过 100 时，就可以卖。②当 CCI 指标<100 时，就表示有超卖的情形，当它向上穿过 100 时，就可以买。③如果在已经开仓的情况下，就要用±75 值的线来做参考以分析是否平仓。在做卖单的时候，当 CCI 指标穿过+75、0、-75，然后再回穿任意一条线时就平仓；在做买单的时候，当 CCI 指标穿过-75、0、+75，然后再回穿任意一条线时就平仓。使用 CCI 指标

时，可以一起用其他的一些参考指标来确认买卖平仓信号。

（4）DEM 指标（DeMarker）。

DEM 指标是由 Tom Demarker 发明的，描绘了价格波动的区域，通常与价格的峰值和谷值吻合。它是一个数值可以在-100~+100 或者 0~1 变化的曲线指标，在 MT4 中其数值默认是在 0~1 中变化的。虽然区间不同但是其意义是相同的。DEM 指标的意义在于指示出哪里是交易的高风险区域哪里是低风险区域，也指示了超买或超卖。如果当前时段数值高于上一时段的数值，DEM 值就为两个时段的差额。如果当前时段数值低于或等于上一时的数值，DEM 值就为零值。

DEM 指标（DeMarker）的一般分析使用方法：①当该指标低于 0.3 时，价格可能会向上逆转。②当该指标大于 0.7 的时侯，价格可能会向下逆转。③如果价格在 0.3~0.7 中，那么在这个区间交易时，风险比较小，当然利润也小。

（5）强力指数（Force Index）。

强力指数指标（Force Index），是由 Alexander elder 发明的。强力指数指标是用来指示上升或下降趋势的力量大小。它在零线上下移动以表示趋势的强弱。如果当前柱的收市价格高于上一个柱的价格，那么强力指数是正值。假如当前柱的收市价格低于上一个柱的价格，那么强力指数是负值。两个数值的差额越大，则强力指标就越大；交易量越大，强力指标就越大。

Force Index 指标的一般分析使用方法：

①如果价格是上升的，而指标线在零线以上，呈上升趋势，那么表示价格上升趋势会继续。②如果价格是上升的，而指标线在零线或者趋向于零线时，那么表示价格上升趋势将要结束。③如果价格是下降的，而指标线在零线以下，呈下降趋势，那么表示价格下降趋势会继续。④如果价格是下降的，而指标线在零线或者趋向于零线时，那么表示价格下降趋势将要结束。⑤当指标线在零线之下，指标线呈现上升趋势，这是可能的买进的信号。⑥当指标线在零线之上，指标线呈现下降趋势，这是可能的卖出的信号。

（6）指数平滑异同移动平均线（MACD）。

MACD 是指数平滑异同移动平均线（Moving Average Convergence and Divergence），

是移动平均线的一种变形。

当行情处于上升（下跌）时，股价的短期移动均线上升（下跌）速度快，而长期移动均线上升（下跌）速度慢。若一直上升（下跌），则两者之间的离差会越来越大。

①MACD 和 DIF 的计算原理：

以 12 日和 26 日股价的移动平均值，得到 EMA（12）和 EMA（26）：12 日 EMA=S12×当日收盘指数 + 11/（12+1）×昨日的 12 日 EMA；26 日 EMA=L26×当日收盘指数 + 25/（26+1）×昨日的 26 日 EMA。

计算出离差值 DIF：DIF= EMA（12）-EMA（26）。因此 DIF 是短期的分离程度，正值表示上升，负值表示下降。

计算 DIF 平均数得到 DEA。DEA 是平滑后再一次平滑。DEA 表明长期的分离程度：DEA=当日的 DIF×0.2 +昨日的 DEA×0.8。

计算 MACD=DIF-DEA。MACD 线是 DIF 线与 DEA 线的差。

MT4 软件当中，DIF 用柱线表示，MACD 用曲线表示。

②MACD 和 DIF 的应用分析方法：

(a) DIF 为正值，表示市场是上涨行情；DIF 为负值，表示市场为下跌行情。当 DIF 从负值向上转变为正值，是买入信号；当 DIF 从正值跌破转变为负值，表示 EMA(12)与 EMA(26)发生交叉，是卖出信号。

（b）形态和背离情况。MACD 指标也强调形态和背离现象。当形态上 MACD 指标的 DIF 线与 MACD 线形成高位看跌形态，如头肩顶、双头等，应当保持警惕。当形态上 MACD 指标 DIF 线与 MACD 线形成低位看涨形态时，应考虑进行买入。在判断形态时，以 DIF 线为主，以 MACD 线为辅。当价格持续升高，而 MACD 指标走出一波比一波低的走势时，意味着顶背离出现，预示着价格将可能在不久之后出现转头下行。当价格持续降低，而 MACD 指标走出一波高于一波的走势时，意味着底背离现象的出现，预示着价格将很快结束下跌，转头上涨。

（c）盘整市 MACD 指标将失真，使用价值相应降低。

（7）动量指标（Momentum）。

动量技术指标是测算在一定时间段里证券价格的变化量。动量数值就是当天价格同前几个时段的价格的比率：MOMENTUM = CLOSE(i)/CLOSE(i-N) * 100。

可以使用动量指标作为类似于振荡指标的移动平均汇总/分离指标来追随市场趋势。当动量指标探底并反弹时，进行买入；当该指标上升并下挫时，进行卖出。你必须要追寻一个短期的指标的移动平均线来决定其是否探底或上扬。

如果动量指数到达一个极端高或者极低的数值（相对于历史数据而言），那么你必须推测当前的市场有一个长时间的趋势。例如，当动量指数达到一个极端高的数值，然后下挫，你应该认为价格仍然会持续走高。在任何一种情况下，只有价格在确认了由指标产生的信号后，才能进行交易。例如，如果价格上升或者回落，那么你在卖出之前，必须等待价格的回落。

动量指标也可作为一个主要指标。这种方法认为，市场整体上升的主要特征是快速的价格增长。当每个人预计到价格会走高时，事情经常是这样的。但是，它也是一个比较宽泛的概念。

当市场整体上升时，动量指标会急剧地攀爬然后回落，从持续上升或两边运动的价格移动中分离出来。类似地，当市场探底时，动量指标会急剧地下降，然后爬升到其他价格之上。这两种情况都会导致指标和价格的分离。

（8）移动平均振荡指标（Moving Average of Oscillator，OSMA）。

它是由 MACD 指标计算而来的，该指标当作一个判断 MACD 是否加速的指标，通常需要和 MACD 指标结合一起使用，用于判断 MACD 是否加速。OSMA = MACD - SIGNAL，OSMA 的值即为 MACD 中两个主要指标线的差值。

OSMA 指标的一般分析使用方法：

①当 OSMA 停止递减，开始上升时，可以做多（买进）。②当 OSMA 停止递增，开始下降时，可以做空（卖出）。③如果以上两个信号和价格走势背离同时出现了，则买卖信号就更可靠了。

（9）相对强弱指数技术指标（Relative Strength Index，RSI）。

RSI 是追寻震荡指标的价格。该震荡指标的取值范围为 0～100。RSI = 100 - [100/(1+U/D)]，其中 U 是 N 天内收市价上涨数之和的平均值；D 是 N 天内收市价下跌数之和的平均值。一般使用一个 14 天的 RSI 指标，同时使用 9 天和 25 天的 RSI 指标也非常地普遍。根据常态分配，RSI 值多在 30~70 中变动，通常 80 甚至 90 被认为市场已到达超买状态（Overbought），至此市场价格自然会回落调整。当价格低跌至 30 以下即被认为是超卖（Oversold），市价将出现反弹回升。

RSI 的应用分析方法：

①由算式可知，0≤RSI≤100。RSI=50，为强势市场与弱势市场分界点。通常设 RSI>70 为超买区，市势回挡的机会增加；RSI<30 为超卖区，市势反弹的机会增加。

②一般而言，RSI 掉头向下为卖出讯号，RSI 掉头向上为买入信号。但应用时宜从整体态势的判断出发。

③背离现象。当 RSI 处于高位，但在创出 RSI 近期新高后，反而形成一峰比一峰低的走势，而此时 K 线图上的金价再次创出新高，形成一峰比一峰高的走势，这就是顶背离。顶背离现象一般金价在高位即将反转的信号，表明金价短期内即将下跌，是卖出信号。RSI 的底背离一般出现在 20 以下的低位区。当 K 线图上的金价一路下跌，形成一波比一波低的走势，而 RSI 线在低位却率先止跌企稳，并形成一底比一底高的走势，这就是底背离。底背离现象一般预示着金价短期内可能反弹。这是短期买入的信号。

④形态分析。当 RSI 曲线在高位（50 以上）形成 M 头或三重顶等高位反转形态时，汇价的上升动能已经衰竭，汇价有可能出现长期反转行情，投资者应及时地卖出。当 RSI 曲线在低位（50 以下）形成 W 底或三重底等低位反转形态时，汇价的下跌动能已经减弱，汇价有可能构筑中长期底部，投资者可逢低分批建仓。

⑤RSI 由下往上走，一个波谷比一个波谷高，构成上升支撑线；RSI 由上往下走，一个波顶比一个波顶低，构成下降压力线。跌破支撑线为卖出信号，升穿压力线为买入信号。

⑥N 日 RSI 的 N 值常取 5~14 日。N 值愈大，趋势感愈强，但有反应滞后倾向，称为慢速线；N 值愈小，对变化愈敏感，但易产生飘忽不定的感觉，称为快速线。因此，可将慢速线与快速线进行比较与观察。若两线同向上，升势较强；若两线同向下，跌势较强。若快速线上穿慢速线，为买入信号；若快速线下穿慢速线，为卖出信号。

（10）相对能量指数指标（Relative Vigor Index，RVI）。

该指标衡量市场上升和下降的能力，用来预测以后价格的走向。RVI =（CLOSE-OPEN)/(HIGH-LOW)。它由两条不同颜色的曲线组成：一条为 RVI 主曲线（绿色），另一条为信号线（红色）。

RVI 指标的具体使用方法为：①当信号线由上往下穿过 RVI 线时，是可能性的买入信号。②当信号线由下往上穿过 RVI 线时，是可能性的卖出信号。

（11）随机指标（Stochastic Oscillator）。

随机震荡指标（Stochastic Oscillator）是由 George Lane 在 19 世纪 50 年代发明的一种震荡指标。和其他的动能指标不同的是，随机震荡指标计算的是某一投资产品的收盘价与过去某一阶段内价格区间之间的比率。因此随机震荡指标使用的逻辑是，当收盘价处于过去一段时间内价格区间 50%以上，视为价格具有上涨动能；反之，当收盘价处于过去一段时间内价格区间的 50%以下，视为价格具有下跌动能。

随机震荡指标主要由两条线组成:%K 快线和%D 慢线。作为动能指标，随机震荡指标主要在 0~100 波动。和其他的震荡指标一样，该指标具有超买和超卖的区域、看涨/看跌背离信号。不同的是，随机震荡指标也具有看涨和看跌的趋势线交叉功能。

计算方法：产生 KD 以前，先产生未成熟随机值 RSV。其计算公式为：N 日 RSV=[(C(t)-L(n))/(H(n)-L(n))]×100。对 RSV 进行指数平滑，就得到如下 K 值：今日 K 值=2/3×昨日 K 值+1/3×今日 RSV。式中，1/3 是平滑因子，是可以人为选择的，不过目前已经约定俗成，固定为 1/3 了。对 K 值进行指数平滑，就得到如下 D 值：今日 D 值=2/3×昨日 D 值+1/3×今日 K 值。式中，1/3 为平滑因子，可以改成别的数字，同样已成约定，1/3 也已经固定。

使用方法：从 KD 的取值方面考虑，80 以上为超买区，20 以下为超卖区。KD 超过 80 应考虑卖出，低于 20 就应考虑买入。从 KD 指标的交叉方面考虑，K 上穿 D 是金叉，为买入信号。金叉在超卖区出现或进行二次穿越较为可靠。

KD 指标的背离：①当 KD 处在高位，并形成依次向下的峰，而此时汇价形成依次向上的峰，叫顶背离，是卖出的信号。②当 KD 处在低位，并形成依次向上的谷，而此时汇价形成依次向下的谷，叫底背离，是买入信号。

金叉和死叉：由于慢性随机指标中使用了移动平均线的概念，因此使用快线和慢线的交叉也可以被视为交易信号。这样的交叉在超买和超卖区域出现后更为重要。

（12）威廉指标（Williams' Percent Range）。

威廉指标（Williams' Percent Range）是由 Larry Williams 发明的，简称%R 指标。该指标是用来显示其市场超买、超买区的，其数值在 0~100 中波动，但是为了在指标中表示其上下的运动，我们一般把 0 放在上，把 100 放在下，加上负号。该指标的具体计算方式为:%R = (HIGH(i-n)-CLOSE)/(HIGH(i-n)-LOW(i-n))×100

该指标的具体分析为：①如果指标超过了-20，就是超买现象；如果指标低过了-80，就是超卖现象。②如果指标超过了-20，回头又跌破了-20，这时就是可能性的卖出信号；如果指标低过了-80，回头又穿过了-80，这时就是可能性的买进信号。③当指标到 0，表示收盘价等于前面时段周期内的最高价。当指标到-100，表示收盘价等于前面时段周期内的最低价。故当指标回到 0，又回头到了 5~15，就是卖出的信号；当指标到 100，回头又穿过-85~-95 时，就是买进的信号。

3. 成交量

（1）成交量指标（Volumes）。

成交量大，表示投资者的兴趣大；成交量小，表示投资者的兴趣小。因为外汇是一个全球性的比较分散的市场，市场交易量很大，很难统计其全球的成交量，所以我们把它视为在指定的时间段内的市场总的报价次数。在指标表示中，我们把现时间段内的报价次数比上个时间段的报价次数多和少分别用不同的颜色来表示，多用绿色，少则用红色。颜色的选择是可以在属性里调整的。

该指标的具体分析方法为：

如果成交量高，表示市场人参与地多，兴趣大，这样可能会更巩固一个趋势，或者是一个新的趋势的开始；如果成交量低，表示市场人参与地少，兴趣小，这样可能会是一个逆转的趋势，或者表示市场趋势比较稳定，没有大的波动。如果成交量突然增加或减少，表示一个可能的逆转；如果成交量渐渐地降低，表示价格变动比较快速。建议将成交量指标（Volumes）和其他指标一起使用。

（2）平衡交易量（On Balance Volume，OBV）。

人们更多地称其为能量潮。它是 Granville 在 20 世纪 60 年代提出来的。该指标的理论基础是：①市场价格的有效变动必须有成交量配合。②量是价的先行指标。利用OBV可以验证当前价格走势的可靠性，并可以得到趋势可能反转的信号。比起单独使用成交量来，OBV看得更清楚。OBV线是预测市场短期波动的重要判断指标，能帮助投资者确定价格突破盘局后的发展方向。同时，OBV的走势，可以局部显示出市场内部主要资金的流向，有利于告示投资者市场内的多空倾向。一般来说，只是观察OBV的升降并无多大意义，必须配合K线图的走势才有实际的效用。

假设已经知道了上一个交易日的OBV，则：今日OBV=昨日OBV+sgn×今天的成交量，sgn=+1表明今日收盘价≥昨日收盘价，sgn=-1表明今日收盘价<昨日收盘价。这里的成交量指的是成交股票的手数，不是成交金额。sgn=+1时，其成交量计入多方的能量；sgn=-1时，其成交量计入空方的能量。

OBV的应用法则和注意事项：

①OBV不能单独使用，必须与股价曲线结合使用才能发挥作用。

②OBV曲线的变化可确认当前股价变化趋势。

当股价上升（下降），而OBV也相应地上升（下降），则可确认当前的上升（下降）趋势；当股价上升（下降），但OBV并未相应地上升（下降），出现背离现象，则对目前上升（下降）趋势的认定程度要大打折扣。OBV可以提前告诉我们，趋势的后劲不足，有反转的可能。

③形态学和切线理论的内容也同样适用于OBV曲线。

④在股价进入盘整区后，OBV曲线会率先显露出脱离盘整的信号，向上或向下突破，且成功率较大。

⑤由于OBV的计算方法过于简单化，因此容易受到偶然因素的影响。为了提高OBV的准确性，可以采取多空比率净额法对其进行修正。多空比率净额=［(收盘价-最低价)-(最高价-收盘价)］÷(最高价-最低价)×V。该方法根据多空力量比率加权修正成交量，比单纯的OBV法具有更高的可信度。

（3）集散指标（Accumulation/Distribution，A/D）。

集散指标是由价格和成交量的变化决定的。成交量在价格的变化中充当重要的权衡系数。系数越高（成交量），价格的变化的分布就越能由这个技术指标体现（在当前时段内)。实际上，这个指标是另外一个更普遍使用的能量潮指标成交量的变体。这两个指标都通过衡量各自的销售成交量来确认价格的变化。

当离散指标上升时，就意味着积累（购买）了某一货币，因为此时，占绝对份额的销售成交量与正在上升的价格趋势相关。当该指标下降时，意味着分配（卖出）某一货币，此时在价格运动下降的同时，有更多的销售正在进行。

离散指标和汇价之间的差异表明即将到来的价格变化。原则上，在这样的差异情况下，价格的趋势会向着该指标移动的方向顺时移动。因此，如果该指标增长时，汇价相应下降，那么我们可以预料到价格的回落。

从该指标的当前值中添加或减去一定份额的当日交易量。收市价越接近当天最高价时，被添加的份额越大。收市价越接近当天最低价时，被减去的份额越大。如果收市价正好在当天最高和最低价格之间，那么这个指标值不变。

(4) 资金流量指数指标（Money Flow Index)。

资金流量指标（MFI）是测算资金投入汇市并收回的速率的技术指标。MFI(资金流量指标) = 100 - [100 / (1 + MR)]，MR（资金比率） = Positive Money Flow (PMF) /Negative Money Flow (NMF), MF = TP * VOLUME，其中 TP（典型价格） = (HIGH + LOW + CLOSE) /3。如果当天的典型价格高于昨天的典型价格，那么资金流量指数应该是个正数。如果今天的典型价格低于昨天的典型价格，那么资金流量的指数应该是个负数。资金流量指数值，如果超过80或者是低于20的话，那么分别可以表明市场潜在的上升或探底趋势。

4. 比尔·威廉姆指标

(1) 加速震荡指标（Accelerator Oscillator，AC)。

这是一个领先指标（Leading Indicator)，就是指在市场趋势变化之前，该指标会提前改变其运动方向，给人以警示，以达到指导我们进行买卖的目的。AC 指标是由零点线和两种不同颜色的走势栏组成的。零点线基本上是一条自定义标准的平衡线。我们可以用绿色栏表示趋势向上，用红色栏表示趋势向下，这样我们就可以用 AC 指标的走势栏来分析当前市场趋势的变化了。如果我们能够意识到 AC 指标的提前预警信号，就会给我们做单带来明显的优势。AC = AO-SMA (AO,5)，其中 AO = SMA (中间价,5)

-SMA(中间价,34)。

AC 指标的具体分析为：如果在零点线之上，有两条绿色就可以做“买”单；如果在零点线之下，有三条绿色就可以做“买”单；如果在零点线之上，有三条红色就可以做“卖”单；如果在零点线之下，有两条红色就可以做“卖”单。

（2）鳄鱼线指标（Alligator）。

鳄鱼线指标是 Bill Williams 发明的。它由三条不同颜色的移动平均线组合而成，分别为蓝色线条（代表鳄鱼的下巴）、红色线条（代表鳄鱼的牙齿）、黄色线条（代表鳄鱼的嘴唇）。蓝线= SMMA（中间价，13，8），红线= SMMA（中间价，8，5），绿线= SMMA（中间价，5，3），其中 SMMA 是顺畅移动平均线。

当三条线纠缠在一起时，我们可以看做鳄鱼在睡觉。这种情况下市场行情是比较稳定的，没有什么大的趋势，而当三条线分开时，可以看做鳄鱼睡醒了，此时表明市场会活跃起来。当价格在分开的三条线之上时，指示市场有上升趋势，此时要“买入”；当价格在分开的三条线之下时，指示市场有下跌趋势，此时要“卖出”；当三条线再次纠缠在一起时，就要平仓了。

（3）动量震荡指标（Awesome Oscillator，AO）。

AO 指标用于显示当前市场的发展趋势，以柱形图的形式表现出来。它是用零点中央线和两条不同颜色的柱状形来表示的。在零轴之上表示是正值，零轴之下表示是负值。AO=SMA（中间价，5）-SMA（中间价，34）。指标颜色变化规律：在交易软件中，柱线图分为红、绿两种颜色。它们围绕一根零轴线运动。当最新的一根柱线高于前一根柱线时，它就是绿色的；相反，当最新的一根柱线低于前一根柱线时，它就是红色的。

AO 指标（动量震荡指标）的一般分析使用方法：

①穿越零线（Zero Line Cross）：当柱形图从下往上穿越零点线时就做多（买）；当柱形图从上往下穿越零点线时，就做空（卖）。

②茶碟形（Saucer）：在零点线之上，有两条红色柱（代表价格下降），其后面紧跟着一条绿色柱（代表价格上升）时，是做多（买入）信号；在零点线之下，有两条绿色柱，其后面紧跟着一条红色柱时，是做空（卖出）信号。

③双顶（Twin Peaks）：在零点线之下，出现两个底顶，当第二个顶比第一个顶更接近零线，且后面紧跟一条绿色柱时，是做多（买入）信号；在零点线之上，出现两个高顶，当第二个高比第一个高更接近零点线且后面紧跟着一条红色柱时，是做空（卖出）信号。

（4）分形指标（Fractals）。

分形指标表示市场趋势转弯的最高值和最低值。分形形成在图表上连续的五条柱周围，开始的两条柱连续地上涨（或下跌），最后的两条柱连续地下跌（或上涨）。同时，中间的一条柱达到五条柱的最高值（或最低值）。向上面的指针就是买进的分形，向下面的指针就是卖出的分形。

（5）鳄鱼振荡指标（Gator Oscillator）。

Gator Oscillator（鳄鱼振荡指标）是由发明鳄鱼指标的 Bill Williams 发明的。该指标是根据鳄鱼指标计算出来的。它由一条零点线和两种不同颜色的柱线组成。Gator 指标是在鳄鱼线指标的基础上发展而来的。鳄鱼指标的三个参数默认值为：下颌（13），牙齿（8），嘴唇（5）。Gator 指标就是由鳄鱼指标的这三条线的值计算出来的。在 Gator 指标中，下颌和牙齿之间距离的差的绝对值，画在零线以上，而嘴唇和牙齿之间距离的差的绝对值，画在零线之下。指标颜色变化规律：当最新的一根柱线（绝对值）高于前一根柱线时，它就是绿色的；相反，当最新的一根柱线（绝对值）低于前一根柱线时，它就是红色的。

Gator 鳄鱼振荡指标的一般分析使用方法：

①当柱状图数值大时，表示有逆转的可能性。②当柱状图数值小时，表示可能保持以前的趋势运行。

（6）市场促进指数指标（Market Facilitation Index）。

市场促进指数指标(Market Facilitation Index)简称 BW MFI 或 MFI，是由 Bill Williams 发明的。MFI 指标用来衡量成交量对价格的影响。MFI =（HIGH（最高价）-LOW（最低价））/VOLUME（成交量）。它是用四条不同颜色的柱状图线来表示的。MFI 上升，成交量上升用绿线（颜色是可以更改的）来表示；MFI 下降，成交量下降用墨红线（颜色是可以更改的）来表示；MFI 上升，成交量下降用蓝线（颜色是可以更改的）来表示；

MFI 下降，成交量上升用粉红线（颜色是可以更改的）来表示。

MFI 指标的具体分析为：①MFI 上升，成交量上升，表示价格现有的趋势会保持继续；MFI 下降，成交量下降，表示价格现有的趋势可能已经结束了。②MFI 上升，成交量下降，表示现有的价格趋势已经没有了维持的动力，不会持续太久。③MFI 下降，成交量上升，表示现有趋势可能会出现一个逆转；现若没有趋势，表示会出现一个强的趋势。

5. 自定义

（1）SimplePanel：设定状态栏单个区域的文本/设定状态栏组件区域。

（2）Heiken-Ashi：Heiken-Ashi 烛图是另外一种蜡烛图。虽然看起来和一般的阴阳烛图很相似，但是它们在计算方式上有着基本的不同。阴阳烛图标示一个时段的开盘价（O）、收盘价（C）、高价（H）和低价（L）。Heiken-Ashi 烛图也有这 4 个价位，但是计算方式不同，而且不像阴、阳烛图中每根蜡烛都是独立的，和前面没有联系，它的每根蜡烛和前一烛是联系起来的。

Heiken-Ashi 烛四个价位的计算如下：开盘价=（前烛 O+前烛 C）/2；收盘价=（O+C+H+L）/4；高价=最高值（H，O，C）；低价=最低价（L，O，C）。

在计算开盘价时要用到前烛的开盘价、收盘价，而收盘价、高价、低价都会用到开盘价，故也都受前烛的影响。因此，Heiken-Ashi 烛图比阴、阳烛图慢，它的信号延迟了，就同用移动平均线来交易一样。但是延迟也有一定的好处，例如当交易像 GBPJPY 这样波动较大的货币对时，可以避免一些用假信号来交易的错误。

解读 Heiken-Ashi 烛图：

①牛市烛：有着较长烛身和上阴影，但是没有下阴影，这是牛市最强的烛。下阴影加长、烛身减短，显示牛市减弱。牛市烛多用白色或绿色等表示。②熊市烛：有着较长烛身和下阴影，但是没有上阴影，这是熊市最强的烛。上阴影加长、烛身减短，显示熊市减弱。熊市烛多用红色表示。③逆转烛：有点类似阴阳烛图中的十字星或旋转陀螺，上、下阴影都比较长，但烛身很短。

（3）iExposure：仓位统计指标，对已成交仓位进行统计。

Zigzag 指标：连接一系列价格点的趋势线。Zigzag 的主要用途是标识过去价格中的相对高低点，并以这些点之间的连线来表示这段价格变动的趋势。在趋势交易中，我们往往需要寻找前期的高点和低点，然后连线，画出走势的波浪，来确定趋势的方向和宽度。

使用时 Zigzag 时，有下面三点需要注意：

①这个指标会根据最新的价格改变最后的连线，就是有些人说到的含有未来函数问题。因此，最后的连线不能作为最终的高点和低点，使用的时候要注意。

②既然是指标，那么它是严格计算的结果。可是，在实际应用中，往往过于古板，不能适应行情的变化。不过大部分时候是正确的。你会发现，行情的波浪一览无余。

③根据 Zigzag 画出最近高点和低点的水平线和趋势线。这对行情的判断具有极大的帮助。在画趋势线的时候，可以先参考 Zigzag，再根据自己的判断画，可能更好。

（八）ForexMT4 软件中画图分析

所有对象在“插入”菜单中可以使用“画线分析”工具操作。在列表中所选定的对象可以放入图表（或指标窗口）。

1. 直线

（1）水平线，用来标示不同的水准。特别是用来标示支撑和阻力位。支撑位是指当价格受买方（多头）控制时，阻止其下跌的水准。阻力位则相反，是指当价格受卖方（空头）控制时，抑制其进一步上涨的水准。

（2）垂直线，一般用于在时间轴上标示不同的界限或用于技术指标信号和动态价位的比较。

（3）趋势线，便于揭示价格趋势。为了设定趋势，您必须确定两点位置，然后接连这两个点形成一条线。

（4）角度趋势线有助于揭示价格的发展走势。与简单的趋势线相比，运用此工具您可设置趋势线度数。

2. 通道

（1）斐波纳奇通道。画出斐波纳奇通道需用宽度隔开。不同于斐波纳奇序列，数据参数的宽度为0.618倍，然后1.000，1.618，2.618，4.236，依次相承。此工具是运用决定的趋势线上两点来创建的。

（2）线性回归通道。线性回归是统计学的分析工具。它基于可利用数据预测今后的价值。在上涨趋势下，假设下一个棒图将高于前一个棒图。在这种逻辑假设下，线性回归方法可获得此假设的统计确定。您需要设定两个点创建这一工具。

（3）等距通道（平行线）是指一种趋势通道。这类通道线总是平行的。为创建这种工具，您必须确定两个点。

（4）标准偏差通道。标准偏差是指用统计的方法测量波动性。标准偏离影响此通道的宽度。您必须调整两个点来创建此工具。

3. 江恩线（甘氏线）

（1）甘氏 45 度线是 45 度角的趋势线。您必须设定两个点来创建此工具。

（2）甘氏扇形线是从一点以不同角度画出的一组趋势线。1x1 趋势线（45 度）是最重要的一条线。如果价格曲线高于此线，意味着市场向好；如果低于此线，市场向淡。1x1（45 度）甘氏扇形线被认为是在上升趋势下的一条强大的支撑线，突破此线被认为是一转向信号。您需要设定两点来创建甘氏扇形线。

（3）甘氏网格线是一条 45 度角的网格线。您必须设定 2 个点来创建此工具。

4. 斐波纳奇线

（1）斐波纳奇回调线是 Leonardo Fibonacci 发现的数字逻辑推论，即每一个随后的数据是前两个数字的总和：1、1、2、3、5、8、13、21、34、55、89、144 等。每个数据约等于前一个的 1.618 倍，且前一数据相对于后一数据的 0.618。此工具是运用决定的趋势线上两点来创建的。先画出 9 条水平线。斐波纳奇水平为：0.0%、23.6%、38.2%、50%、61.8%、100%、161.8%、261.8% 和 423.6%。然后确保斐波纳奇回调线与趋势线交叉。

（2）斐波纳奇时间周期线是以斐波纳奇的时间间隔 1、2、3、5、8、13、21、34 等画出的许多垂直线。假定主要的价格变化在这些线附近，运用确定的单位时间间隔长度的两点来创建此工具。

（3）斐波纳奇扇形线。此工具是运用确定的趋势线的两点来创建的。先通过第二点画出一条“无形的（看不见的）”垂直线。然后，从第一个点画出第三条趋势线，并与斐波纳奇水平为38.2%、50%和61.8%的无形垂直线交叉。预期主要的价格变化位于这些线附近。

（4）斐波纳奇弧线。此工具是运用确定的趋势线的两点来创建的。三条弧线均以第二个点为中心画出，并在趋势线的斐波纳奇水平38.2%、50%和61.8%交叉。主要的价格变化被预期位于这些线附近。

（5）斐波纳奇扩展。运用画出两条波浪的三个点来创建此工具。然后画出三条线，与斐波纳奇水平61.8%、100%、161.8%的第三条“无形”线交叉。预期主要的价格变化位于这些线附近。

5. 安德鲁分叉线

运用三个点并画出三条平行走势线，用来创建此工具。第一条趋势线从三点中最左边点（此点为重要的顶点）开始，刚好画在最右边两点中间。此线相当于分叉线的手。然后，第二条和第三条趋势线从最右端两点开始平行于第一条线画出（这是重要的最高点和最低点）。这些线相当于交叉线的牙齿。安德鲁交叉线的理论是基于支撑和阻力线的标准原理。

6. 循环周期线

此工具画出相等时间间隔的许多垂直线。通常地，单位时间间隔对应一个周期。在这种情况下，通过假定的这些线描述未来的周期。通过运用两个点及确定单位时间间隔的长短，创建此工具。

7. 图形

使用几何体（矩形、三角形、椭圆形）在报价图表中标明不同的区域。

8. 箭头

使用符号（箭头、测试和停止符号）在报价图表中突出标明重要的事件。

9. 文字

文字用于在图表中进行注释。它会随图表滚动。

10. 文字标记

文字标记被附加在另一窗口，不存在于图表中。图表滚动时，文字标记将不会移动。

三、实训案例

（一）K 线理论应用

1. 单根 K 线的应用

（1）纺锤线：实体较短，上下影响较长，说明买卖双方犹豫不决或者势均力敌。如图 3-37 所示，当上升趋势中出现纺锤线时，说明买家已经丧失优势，可能出现反转；同理，在下降趋势中出现，可能出现反转。纺锤线是比较常见的反转信号。在明显的趋势出现锤头或吊顶时，牛熊市反转的信号非常明显。

图 3-37　纺锤线应用

（2）十字线：开收盘价差不多，说明买卖双方反复较量后势均力敌。十字线往往出现在波谷或者波峰。分析十字线应结合前后 K 线来判断。如图 3-38 所示，十字线出现在下跌趋势的底部，十字线前有树根较长实体的阴线，十字线后紧跟着较长实体的阳线。这一般称为早晨之星或黎明之星，是明显的反转信号。十字线并不严格要求开收盘价一致，但要求开收盘价相差不大，有较长的上下影线。无论是在长期趋势还是次要趋势当中，出现十字线都是比较明显的反转信号。

图 3-38 十字线应用

（3）实体线：不存在影线，表明很强的买方信号或卖方信号。实体线越长，信号越强。实体阳线表明买家一直处于主导地位，经常成为牛市持续或熊市反转的信号；实体阴线则成为熊市持续或牛市反转的信号。如图 3-39 所示，19 日的实体阳线并没有成为反转的信号，只是日常波动，而 23 日的实体阳线成为了熊市反转的信号。在实际汇率走势当中，实体线并不常见，且也不是一出现就有明显的信号，故还是应该参考实体线的位置。在持续的牛市的顶部出现实体阴线时，牛市反转的信号比较强；在持续的熊市的底部出现实体阳线时，熊市反转的信号比较强。

图 3-39 实体 K 线应用

2. 多根 K 线的应用

（1）乌云盖顶：在价格出现阳线上涨之后，又出现阴线，且该阴线价格落到前阳线实体 1/2 以下。这一组合常在市势已经大涨一段，甚至在创下天价的时候出现，表示市势逆转。

（2）倾盆大雨：出现在上涨趋势中；由一阴一阳 2 根 K 线组成；先是一根大阳线或中阳线，接着出现了一根低开的大阴线或中阴线，阴线的收盘价已经低于前一根阳线的开盘价。其技术含义为：见顶信号，后市看跌。见顶信号强于乌云盖顶，阴线实体低于阳线实体的部分越多，转市信号越强。

（3）平顶又称钳子顶：出现在上涨趋势中；由两根或两根以上的 K 线组成；最高价处在同一水平位置上。其技术含义为：见顶信号，后市看跌。

（4）好友反攻：出现在下跌行情中；由一根阳线、一根阴线两根 K 线组成；先是一根大阴线，接着跳低开盘，结果收了一根中阳线或大阳线，并且收在前一根 K 线收盘价相同接近的位置上。其技术含义为：见底信号，后市看涨。

（5）曙光初现：出现在下跌趋势中；由一阳一阴两根 K 线组成；先是出现一根大阴线或者中阴线，接着出现一根大阳线者中阳线。阳线的实体深入阴线实体的 1/2 以上处。其技术含义为：见底信号，后市看涨。阳线实体深入阴线实体的部分越多，转市信号越强。转势信号强于好友反攻。

（6）旭日东升：出现在下跌趋势中；由一阳一阴两根 K 线组成；先是一根大阴线或者中阴线，接着出现一根高开的大阳线或中阳线。阳线的收盘价已高于前一根阳线的开盘价。其技术含义为：见底信号，后市看涨。阳线实体深入阴线实体部分越多，转势信号越强。见底信号强于曙光初现。

（7）红三兵：出现在上涨行情初期；由 3 根连续创新高的小阳线组成。其技术含义为：买进信号、后市看涨。当 3 根小阳线收于最高点时，称为 3 个白色武士。3 个白色武士拉开汇价的作用要强于普通的红三兵，投资者应引起足够重视。

K 线仅用于观察价格，故应用时，应配合成交量观察买方与卖方的强弱状况，找出价格支撑与压力区。分析 K 线的时候应结合成交量、空间和时间综合分析，以更准确地判断汇率的走势。

（二）趋势理论应用

1. 趋势线的有效突破

如图 3-40 所示，在欧元兑美元的日线图中，这条趋势线被触及多次，且趋势线的斜率较小，可靠性较高，可以被认为是一条有效的趋势线。在趋势线第一次被突破时，尽管汇价向下跌破了上升趋势线，汇价持续两天以上跌破，但是第一天收盘价跌破趋势线的幅度较小，收盘价跌破约 27%，且汇价跌破上升趋势线以后，并没有跌破支撑位，汇价 1.081 9 的支撑位被触及多次，多方力量抢回地盘，支撑位有效的支撑汇价继续上升。因此此处趋势线的突破并没有出现反转，不能被认为是有效的突破。而在第二次被突破时，汇价跌破上升趋势线以后下降的幅度较大，收盘价跌破约 80%。如图 3-41 所示，汇价跌破数天后支撑和阻力位互换，趋势线有效突破，形成反转，支撑和阻力位互换，下降趋势确认。从下降趋势线可以看出，下降趋势线被触及了三次，可以被认为是有效的趋势线。

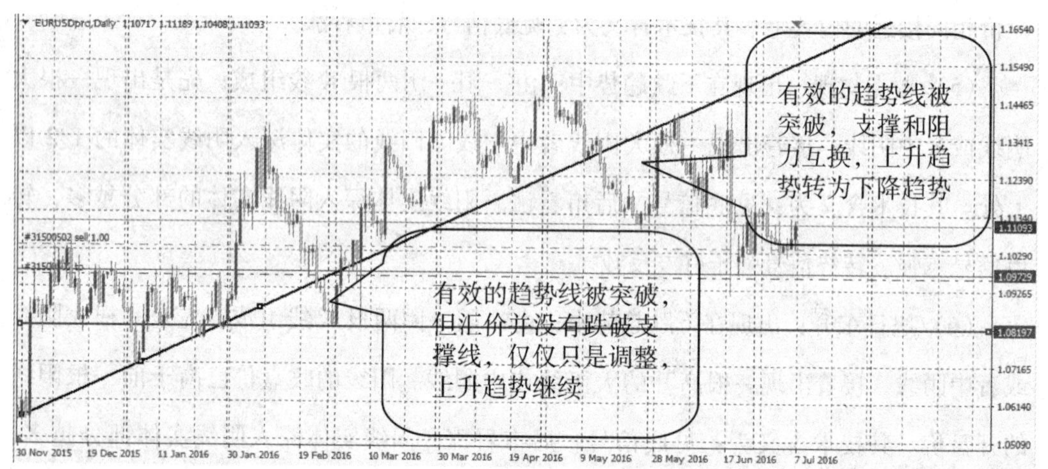

图 3-40　趋势线的应用

2. 支撑和阻力的转换

从图 3-41 可以看出，上升趋势线和下降趋势线都是有效的趋势线。有效的趋势线形成较强的支撑和阻力作用。当支撑和阻力转换时，反转信号明显，上升趋势转为下降趋势。从成交量来看，支撑和阻力转换时的成交量有所上升，在下一个阻力位成交量再次上升。可见，投资者市场在跌破趋势线以后不断抛售欧元，进一步促成下降趋势的形成。

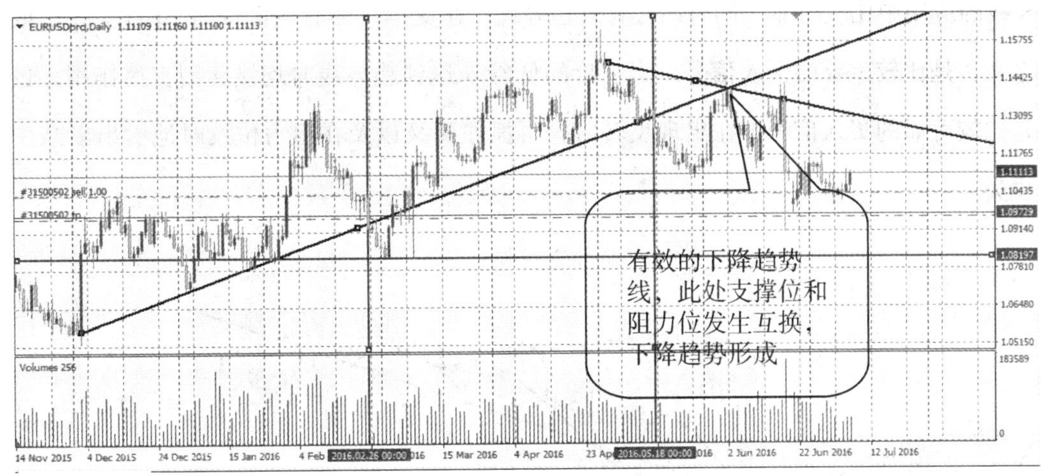

图 3-41　支撑和阻力转换

3. 通道线的突破

如图 3-42 所示，通道线是和趋势线平行的线。从欧元兑美元的上升趋势来看，汇价基本在通道内运行。当通道线被突破以后，不像趋势线被突破那样出现反转信号，汇价会在更宽的通道内运行并维持上升趋势。

图 3-42　通道线突破

4. 移动平均线的应用

如图 3-43 所示，欧元兑美元的日线图中，采用 20 日移动均线，形成金叉、支撑等买入信号，以及乖离、死叉、阻力等卖出信号。从图 3-43 可以看出，20 日均线在日

K 线的应用中比较可靠。同时结合有效趋势线，在支撑位的右侧汇价与 20 日均线形成金叉，是比较重要的买入信号。当汇价的低谷未达到趋势线时均线起到支撑作用，也是比较可靠的买入信号。在出现反转时，可抓住死叉以及在阻力位及时地卖出以减少损失。

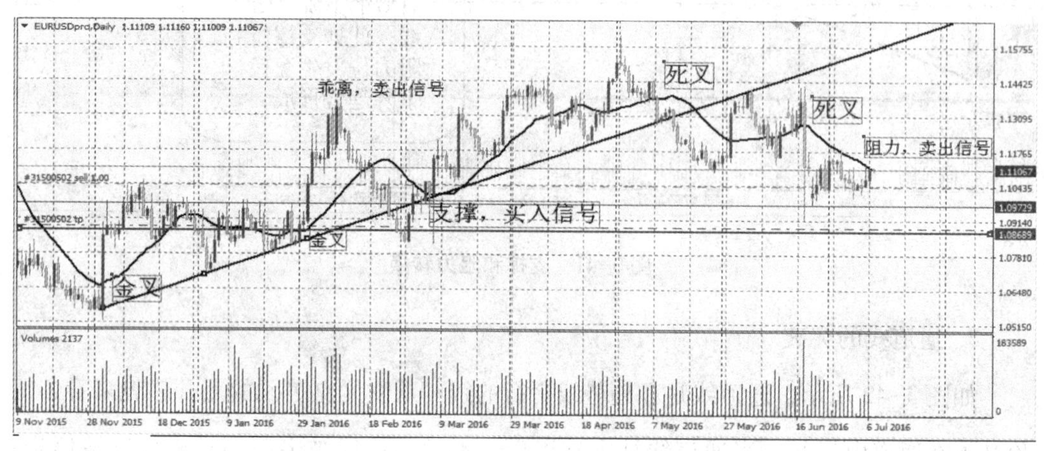

图 3-43　单一移动均线运用

（三）形态分析应用

1. 反转形态——头肩顶和头肩底

如图 3-44 所示，首先有明显的上升趋势，上升趋势线越有效越好。颈线可以有较小的斜度，不严格要求颈线是水平的，头部要明显地高于左肩和右肩，左肩应高于右肩，右肩的位置应低于上升趋势线，汇价达到左肩后继续下跌跌破颈线的支撑位，回弹，颈线的支撑和阻力作用转换，头肩顶形态形成。*E* 点和 *G* 点是减仓的重要位置，因为头部位置以及上升趋势线被跌破时还很难判断是否出现了反转。如图 3-45 所示，和头肩顶形态相对应，头肩底形态出现在长期持续的明显的下降趋势底部。在颈线的支撑和阻力作用互换时确认形态形成，但在底部形态中，成交量是非常重要的判断依据，在底部反转时应伴随成交量的大量增加。这意味着市场的预期和行为都认同趋势的反转，在右肩和反弹的位置成交量明显大幅增加。如图 3-46 所示，在明显的下降趋势底部，下降趋势线的阻力位逐渐减弱，在右肩的位置趋势线的阻力位转换成支撑位，同时伴随一定的成交量的上升。阻力和支撑互换之后，汇价继续上升之后反弹到颈线位，连续四天的强力上升形成连续的大阳线。伴随成交量的大幅增加，头肩底形态形成，欧元兑美元走势由下降趋势反转为上升趋势。

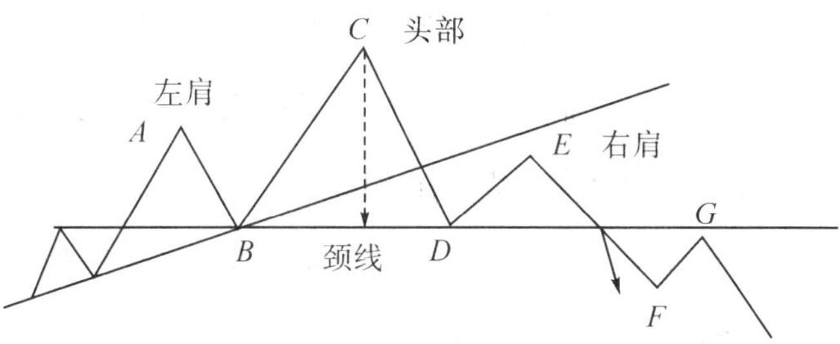

图 3-44　头肩顶

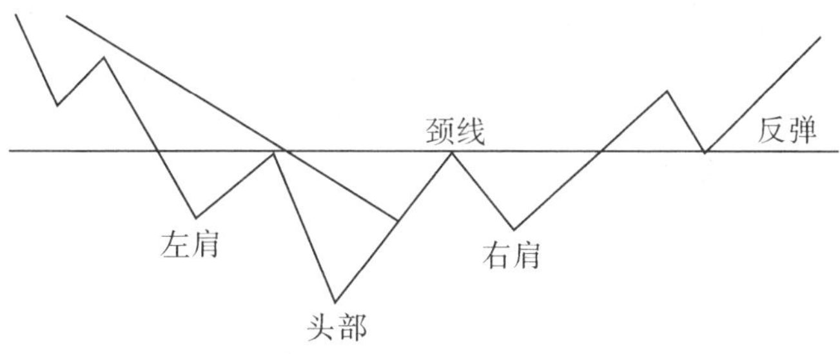

图 3-45　头肩底

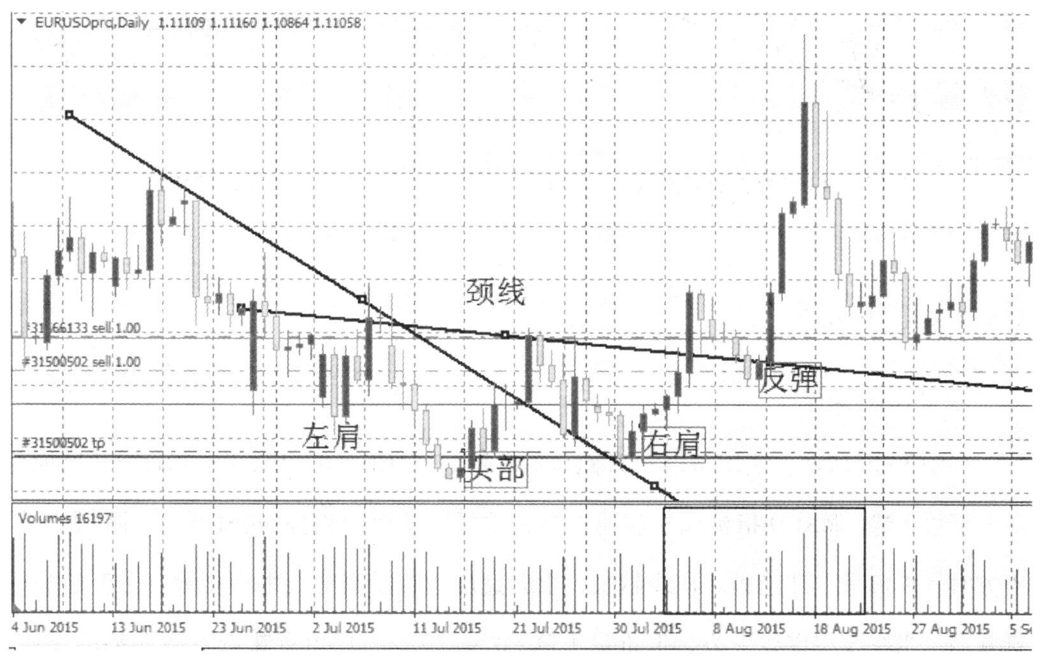

图 3-46　头肩底形态应用

2. 整理形态——三角形

对称三角形是一种常见的整理形态（见图 3-47）。在整理形态内价格变动幅度逐渐减小，最高价逐渐降低，最低价逐渐提高，成交量也相应萎缩，形成一对称三角形。在上升趋势中，汇价于三角形底部 1/2~3/4 处以长阳线与大成交量配合突破。这是有效突破，表示即将展开新一轮上升趋势。在下降趋势中，汇价于三角形 1/2~3/4 处以长阴线向下跌破，跌后不久成交量放大。这为有效突破，且价格继续下跌。如果汇价盘整至超过 3/4 处尚未突破，那么三角形盘整形态基本失效。

在下降三角形中，低点的连线趋近于水平，高点的连线则往下倾斜，代表市场卖方的力量逐渐增加，高点随时间而演变（见图 3-48）。越盘越低，而支撑的买方势力逐渐转弱，退居观望的卖压逐渐增加。在多方力量转弱而卖压逐渐增强的情况下，整理至末端，配合成交量的增加，而价格往下跌破的机会较大。

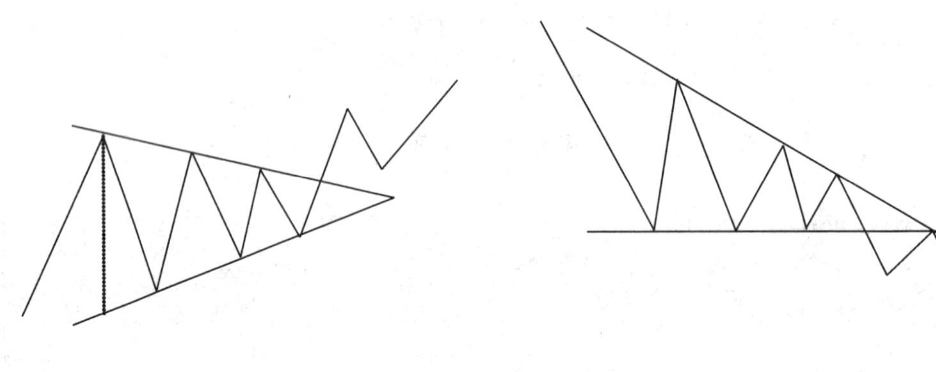

图 3-47　对称三角形　　　　图 3-48　下降三角形

（四）技术指标应用

1. MACD 应用

如图 3-49 所示，使用 MT4 软件默认的参数的 MACD（8，13，9）指标分析欧元兑美元汇价走势。MACD 指标属于震荡指标，主要用于短期趋势的分析。当柱线在零线上方时，汇价呈上升趋势。柱线越长，上升速度越快。当柱线缩短至零，上升趋势逐渐减弱。当柱线在零线下方，汇价呈下降趋势。柱线的长短意味着下降趋势的强弱。当柱线从负值变为正值，下降趋势转换为上升趋势。当柱线从正值变为负值，上升趋势转换为下降趋势。相对于 DIF 柱线，MACD 曲线反映次要趋势的变化。当 MACD 由负值变为正值，认为上升趋势形成，是买入信号；由正值变为负值，认为下降趋势形成，是卖出信号。MACD 指标可以用来辅助反转形态的判断。另外，从 MACD 曲线的形态上看，当出现背离时，是可靠的上升和下跌信号。从图 3-49 可以看出，当汇价与 20 日均线形成死叉时，DIF 由正值变成负值。当均线的支撑和阻力互换时，MACD 曲线从上向下穿过零线，反转信号更可靠。

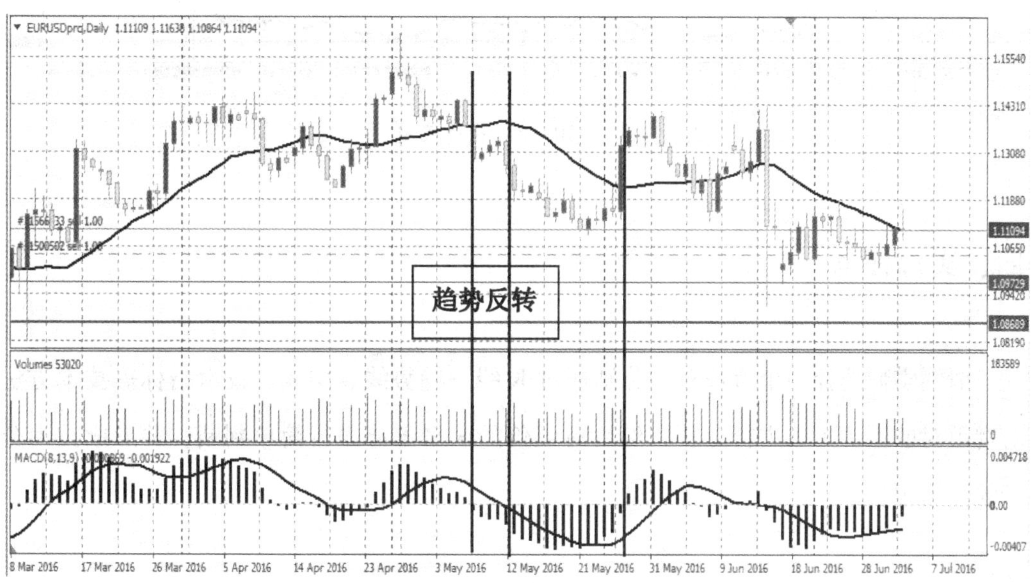

图 3-49　MACD 应用

2. RSI 指标应用

如图 3-50 所示，英镑兑美元汇价走势图，当 RSI 指标值小于 50 时，汇价处于下降趋势，为卖方市场；当指标值大于 50 时，汇价处于上升趋势，为买方市场。当 RSI 指标值接近 80，处于超买状态，汇价见顶；接近 20，处于超卖状态，汇价见底。

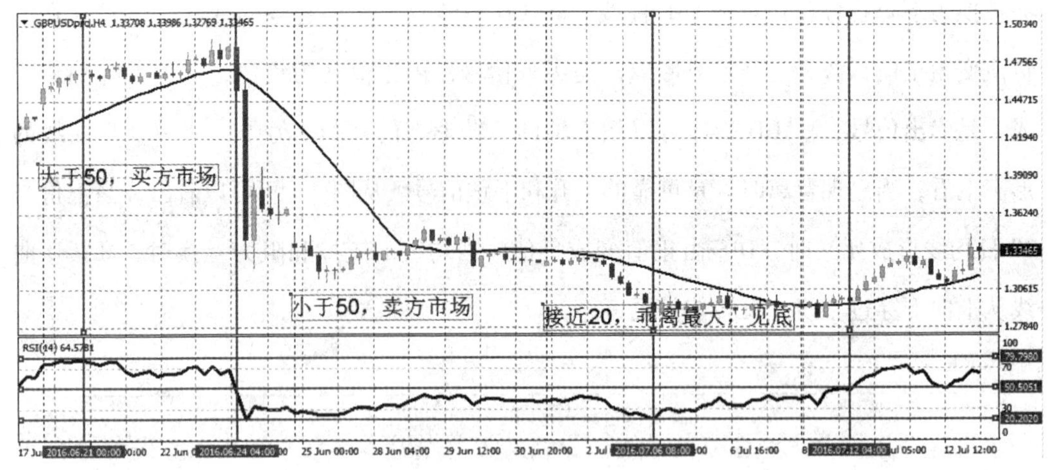

图 3-50　RSI 指标应用

四、实训任务

请同学们选择一个货币对，分别通过 K 线、趋势线、均线、技术指标等技术方法对货币对的汇价走势进行分析，然后对汇价的未来走势进行简单判断，并形成技术分析的汇评报告。

实训四　个人外汇交易的技巧策略

一、实训目的和要求

1. 了解个人外汇交易的技巧策略

2. 会简单应用交易技巧和策略

3. 总结个人外汇模拟交易心得

二、实训原理

1. 外汇交易的心理准备

外汇市场是一个强有效的市场。交易者面对大致相同的市场信息，运用类似的技术分析，在既定的交易规则下进行一场零和博弈，能否获胜在很大程度上取决于交易者的心理状态。

首先，要正确认识风险和回报。风险是指汇率变动产生的不确定性。基本分析和技术分析只是判断可能的走势，也就是一种概率，而不是100%的涨或者跌。回报是投资收益率，但不应该追求暴利。暴利来自于暴涨暴跌，同样也会伴随巨大的亏损，而长期达到25%的回报率就能跻身世界一流投资家的行列。其次，重仓交易和频繁交易违背了资金管理的基本原则。这也是失败的主要原因。

外汇交易应避免如下心态：盲目跟从、固执己见；犹豫不决、缺乏耐心；过度贪婪、心存侥幸；坚持过去的价位等。

2. 制定并执行交易策略

很多外汇交易者的方法都谈不上最基本的完整。大部分只有行情分析，没有仓位管理等步骤。剩下的一部分人只有进场计划而没有出场计划。有一部分人有出场计划，但是出场策略和方式非常单一，既不系统也不完备。一个能够取得持续成功的外汇交易者必然具备系统性交易的能力。一个长期失败、偶尔成功的外汇交易者必然不具备系统性交易能力。

一个完整的交易系统包含了成功的交易所需的每项决策：

（1）入市准备。

基于趋势分析和基本面分析，选择交易对象。选择熟悉的货币；选择波动较大的货币；选择利率较高的货币多头。

出入市者应将闲钱作为入市资金，量力而行，从小额做起。

这就需要提前确定交易策略。止损目标位：根据个人经济承受能力和心理承受能力，入市前确定一个亏损的资金额度。一旦达到就坚决全线撤出，不要存在侥幸心理。盈利目标位：没有常胜将军，设定盈利目标，不恋战，不贪心。

短线交易使用顺势而为，快进快出，追涨杀跌。关键是设定止损点和止盈点。长线投资则可以采用逆向思维，适低买入，逢高退出。不需时刻关注或过多的分析，只需要足够的耐心和信心。只需设立盈利点，不用设止损点。

（2）资金管理。

买卖多少既影响多样化，又影响资金管理。多样化就是在诸多投资工具上努力分散风险，并且通过抓住机会增加盈利。正确的多样化要求在多种不同的投资工具上进行类似的下注。资金管理实际上是不下注过多以至于在良好的趋势到来之前就用完自己的资金，以控制风险。买卖多少是交易中最重要的一个方面。

（3）开盘入市，建立头寸。

入市策略：综合考量技术分析和基本面分析；于传言时入市，于事实时离场；局势不明朗时不入市。

重势不重价：注意力放在价格的未来走势上；忘记过去的价位；只要有上涨空间就果断入市；买涨不买跌。

仓位控制：先用较少资金适应市场方向建仓，然后再根据市场变动增加或减少仓位。

（4）调整持仓头寸。

加码或减码的方法包括金字塔法、平均法、倒金字塔法。以投资者对行情的把握程度为依据，一开始就比较有把握采用金字塔法，否则可采用后两种加码方法。

持仓策略：保持头脑清醒；不要频繁交易；顺势而为，不要在赔钱时加码；忍耐也是投资。

（5）止损及止损方法。

最重要的是在你建立头寸之前预先设定退出的点位。止损是投资者规避风险、避免更大损失的一种反应。所有止损必须在进场之前设定。

止损是风险控制。一般单笔交易的风险控制的比例为3%，激进的控制比例为5%，职业投资者控制在2%。

定额止损：可根据个人承受能力设定。一般单笔交易控制的比例为3%，激进的控制比例为5%，职业投资者控制在2%。

技术止损：与趋势相结合，选择交易工具，把握止损位。具体包括：K线止损、趋势止损、形态止损、技术指标止损等。技术分析可以作为止损位判断的主要依据。

（6）离市退出盈利的头寸。

“让盈利最大化”是一种贪心的表现，因此明确盈利头寸是至关重要的。

三、实训任务

（1）总结这学期以来进行外汇模拟交易的交易心理和交易技巧，形成交易心得报告。

（2）对未平仓的交易设置止损和止盈价位，并说明原因。

（3）根据你的心得和分析，制订交易计划并制定策略。在建立新的仓位同时，设定止损位，并分析原因。

参考文献

[1] 刘金波. 外汇交易原理与实务 [M]. 北京：人民邮电出版社，2011.

[2] 樊祎斌. 外汇交易实务 [M]. 北京：中国金融出版社，2009.

[3] 魏强斌. 外汇交易三部曲 [M]. 北京：经济管理出版社，2010.

[4] 魏强斌. 外汇交易圣经 [M]. 北京：经济管理出版社，2011.

[5] 约翰·墨菲. 金融市场技术分析 [M]. 丁圣元，译. 北京：地震出版社，2010.

[6] 霍文文. 证券投资学 [M]. 北京：高等教育出版社，2013.

[7] 安佳理财. 从零开始学炒外汇 [M]. 北京：清华大学出版社，2015.

[8] 约翰·季格森，韦德·汉森. 外汇交易从入门到精通 [M]. 中国农业大学期货与金融衍生品研究中心培训部，译. 北京：人民邮电出版社，2013.

[9] 施兵超. 金融期货与期权 [M]. 上海：生活·读书·新知上海三联书店，1996.

[10] 褚天一. 外汇投资交易快速入门 [M]. 北京：中国铁道出版社，2015.